マイナビ新書

中国史で
世界を読む

渡邉義浩

マイナビ新書

はじめに

中国史でなぜ、世界が読めるのでしょうか。それは、中国史が世界の主流である西欧史とは異なる独自の展開の中で、中国がアメリカに次ぐ世界第二位の国となった理由を探ることができるためです。

西欧史とその延長としてのアメリカのあり方が、世界の目指すべき指標となってから長い時間が経ちました。中国も「近代中国」のとき、それを目指しましたが、挫折の連続でした。それは、中国が強烈な自分の文明の素型を持っていたからです。本書は、それを「古典中国」と名付け、「古典中国」を指標として、中国史の各時代を把握していきます。

「古典中国」は、端的に言えば、皇帝を頂点とした中央集権的な官僚制国家のもと、すべての権力と権威を皇帝権力が収斂《しゅうれん》しようとするものです。そのために、儒教《じゅきょう》に基づき「大一統《だいいっとう》」という統治制度の原理と、「華夷《かい》思想」という世界観、

「天子《てんし》」という支配の正統性を持っています。

「大一統」は、天が一つである以上、天命を受けて時空を支配する天子が統治する中華世界は統一されねばならない、という考え方で、それが現代中国まで継承されていることは明らかでしょう。「大一統」を保つためには、あらゆる価値基準を国家のもとに収斂しておく必要があります。たとえば、そのための装置の一つが、儒教に基づき民を教化する「学校」です。

日本は、遣隋使《けんずいし》・遣唐使《けんとうし》以来、江戸時代までは、強弱の差こそあれ「古典中国」を規範として受容することに努めてきました。明治維新以降は、一転して西欧を規範として近代化を進めましたが、わたしが奉職する「学校」のあり方一つを考えてみても、「古典中国」の残滓《ざんし》を感じることがあります。

中国史を知ることは、われわれ日本人の立脚点を知ることにも繋がるのです。本書を読むことを、世界の国家や社会のあり方を考える契機としていただければ、たいへん喜ばしいことだと思います。

中国史で世界を読む

目次

第二章　古典中国の形成（秦漢、魏晋）

第三章　古典中国の完成（南北朝、隋唐）

第五章　近世中国の展開（明清）

第六章　近代中国（中華民国）

第七章　現代中国（中華人民共和国）

中国史の時代区分

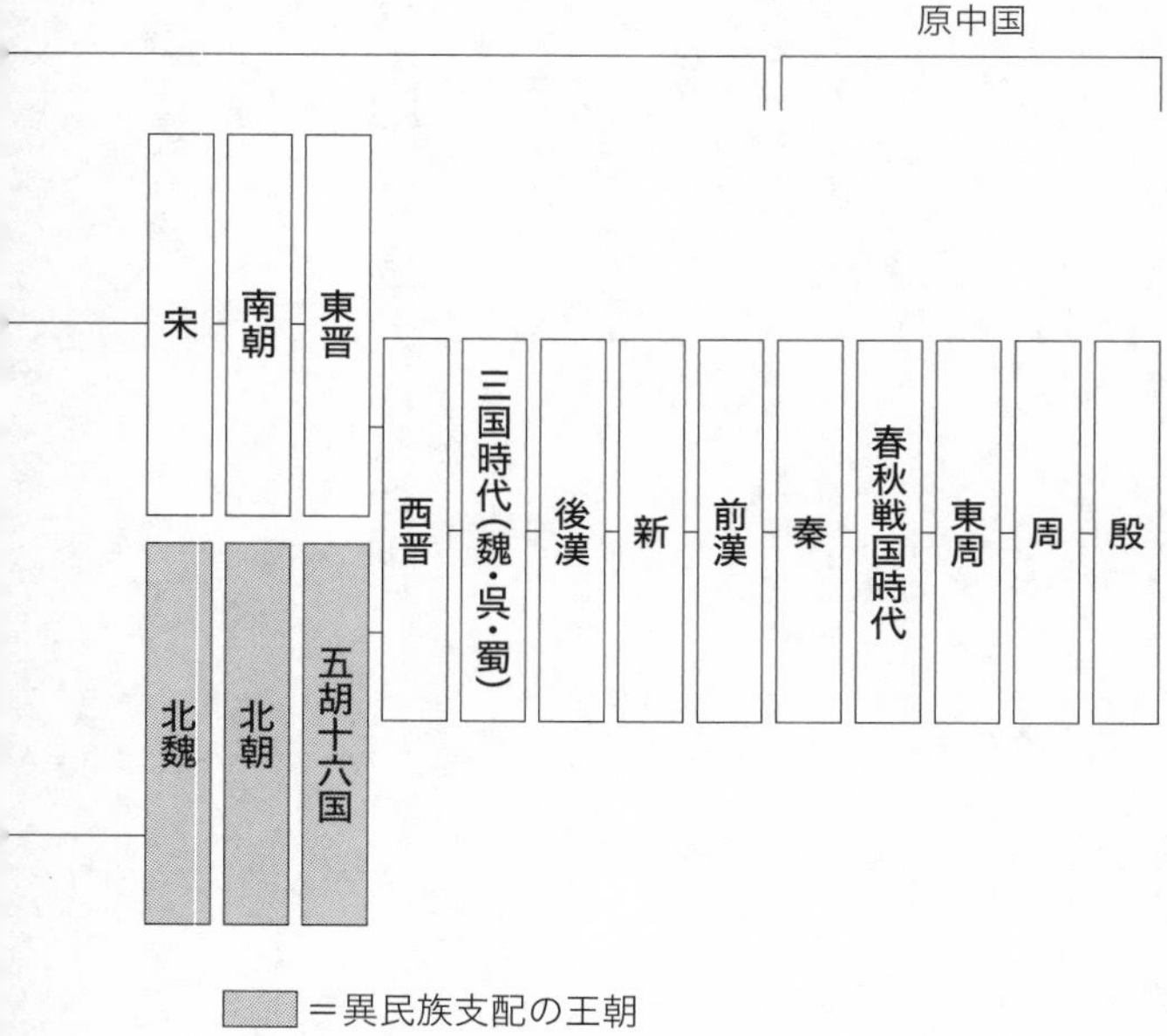
原中国
宋
南朝
東晋
北魏
北朝
五胡十六国
西晋
三国時代(魏・呉・蜀)
後漢
新
前漢
秦
春秋戦国時代
東周
周
殷
＝異民族支配の王朝

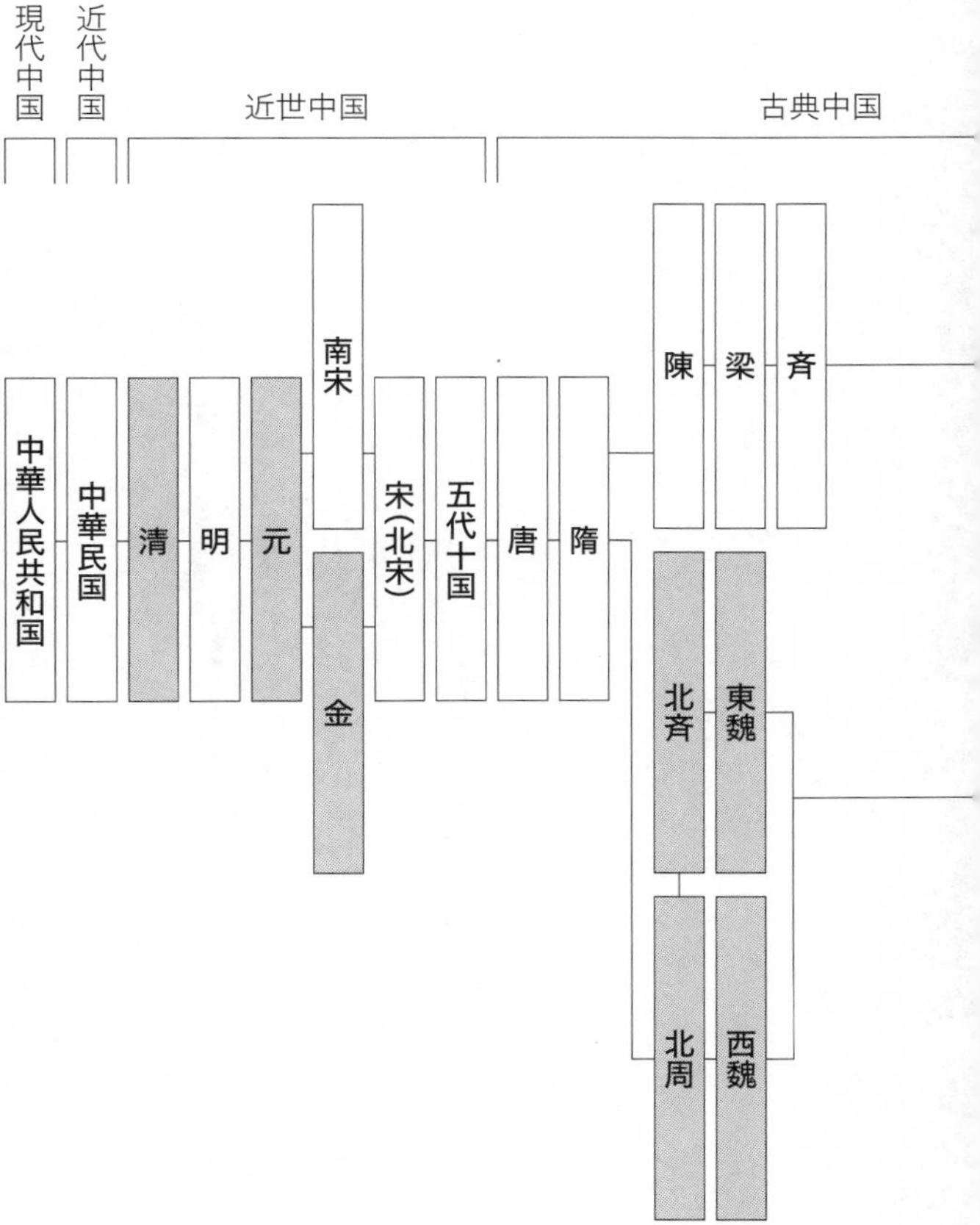
現代中国
近代中国
近世中国
古典中国
中華人民共和国
中華民国
清
明
元
南宋
金
宋(北宋)
五代十国
唐
隋
陳
梁
斉
北斉
東魏
北周
西魏

序章　中国史の時代区分

歴史学とは何か

歴史学は、現状認識の学問である。過去に起こった出来事のすべてを客観的に明らかにすることは不可能である。そのため、歴史家が生きていく中で、自分の現状認識との関わりにおいて、歴史を認識する学問が歴史学である。

したがって、歴史家の自己認識により、時代への視角が決定する。これを反ファシズムの立場からヘーゲル哲学により歴史を考察したイタリア人の歴史哲学者のクロォチェは、「すべての歴史は現代史である」と表現した。現代における自分の立ち位置が、歴史への視座を定めるのである。歴史家による現状認識の典型的な試みが、時代区分論である。

時代区分論

連続する歴史の流れを区分するのは、歴史家が歴史に何らかの意味を求めようとする試みである。時代区分は、政治・経済・文化などすべての側面を含むトータルとして時代を想定し、歴史の流れをいくつかの時代に区分する。

日本にも影響が及んだ末法思想《まっぽうしそう》は、インドの古典が持っていた、四つに時代を区分し、時代を追って世の中は悪くなる、という区分法が仏教を通して伝わったものである。

西欧では一七世紀にドイツのケラーが、古代・中世・近代という三時代区分を行い、それが一九世紀になって進化論《しんかろん》と一体化した。退化と進化の方向は逆だが、時代区分が歴史に意味を求めることは共通する。西欧では歴史は進化発展として捉えられた。マルクスの唯物史観《ゆいぶつしかん》は、そうした歴史観の集大成である。その土台―上部構造論《じょうぶこうぞう》に基づくトータルな社会―国家把握の方法は、スターリンにより、原始共産制《げんしきょうさんせい》→奴隷制《どれいせい》（古代）→農奴制《のうどせい》（中世）→資本制《しほんせい》（近代）という発展段階論に定式化された。

スターリンの定式は、「世界史の基本法則」と呼ばれ、第二次世界大戦後の日本の歴史学界は、各地域の歴史の発展をこれに当てはめて証明しようとした。だが、すべての社会が同一の発展法則に従うとすることには無理がある。やがて「世界史の基本法則」的な歴史認識は力を失った。それには、フーコーの『知の考古学』などの影響により、時間の流れは政治・経済・文化など局面ごとに異なった速度で流れているのであるから、一つの統一された「時代」というものは存在しない、という考え方への支持があった。

「古典中国」論による時代区分

中国の歴史を振り返ると、中国は、ほとんどの期間にわたり統一された状態にあり、専制政治が継続した。このため、中国史を表面的に見ると、同じ歴史が繰り返される印象を受ける。国家の創設当初は、整った政治が行われる。中期より乱れ始め、やがて農民反乱により崩壊する。しかし、農民を支配者とする体制とはならず、似たような制度を持った国家が、当初は整った政治を……、と繰り返していく印象である。

戦前には、これが中国を自力で発展できない「停滞」の国と位置づける歴史観を生んだ。戦後になると、マルクス主義の唯物史観に基づき、西欧を基準とする発展段階で中国史の時代区分が試みられた。しかし、異なる文明圏を同一の尺度で測ること、及び西欧近代を最良と考える価値観の崩壊から、そうした試みは放棄される。

中国史において繰り返される統一と専制は、世界の他の地域には見られない現象である。中国は、自らが生きる社会や国家が限界を迎えるとき、「古典」とすべき中国像を持っていた。それを規範として社会や国家を再建するため、同じ歴史が繰り返されるように見えるのである。規範とされる中国像を「古典中国《こてんちゅうごく》」と称するのであれば、中国の歴史は、「古典中国」が成立するまでの「原中国《げんちゅうごく》」（先秦《せんしん》）、「古典中国」の成立期（秦から唐《とう》）、「古典中国」の展開期（「近世中国《きんせいちゅうごく》」、宋《そう》から清《しん》）、「古典中国」を直接的には規範としなくなった「近代中国《きんだいちゅうごく》」（中華民国《ちゅうかみんこく》以降）、「古典中国」への揺り戻しが見られる「現代中国」（中華人民共和国以降）に区分することができよう。

本書は、この時代区分論に基づき、中国史を叙述していく。

「古典中国」とは

「古典中国」は、「儒教国家《じゅきょうこっか》」の国制として、後漢《ごかん》の章帝《しょうてい》期に白虎観《びゃっこかん》会議により定められた中国の古典的国制と、それを正統化する儒教の経義《けいぎ》により構成される。こうした理想的国家、及び社会の規範の形成に大きな役割を果たした王莽《おうもう》の新《しん》は、わずか十五年で滅びた。それにもかかわらず、新を滅ぼした後漢は、王莽の国制を基本的には継承し、それを儒教の経義と漢の国制とに擦《す》り合わせ続けた。その結果、後漢で成立する「古典中国」は、「大一統《だいいっとう》」（統治制度の原則）、「華夷《かい》思想」（世界観）、「天子《てんし》」（支配の正統性）という三つの柱を持つ。

「大一統」は、天が一つである以上、天の命を受けて時空を支配する天子が統治する中華世界は統一されねばならない、という『春秋公羊伝《しゅんじゅうくようでん》』隠公《いんこう》元年に記された春秋の義《ぎ》（規範）に基づく。そして、統一を保つための政治制度は、「郡県《ぐんけん》」と「封建《ほうけん》」として対照的に語られた。秦《しん》・宋《そう》・清《しん》で形成された三つの「郡県」的な専制政治の衰退した魏晋《ぎしん》・明《みん》末・清末では、「封建」論が盛んに語られたが、それらの「封建」は、社会の分権化に対抗して、君主権力を分権化させて、国家権力全体としての分権化を防ぐ理念として機能し、土地の分与は否定された。西欧の feudalism とは異なり、中央集権化を目指した政治制度なのである。それでも、私的な土地の集積が「大一統」の障害であることは明らかであった。儒教は、ここに「井田《せいでん》」（身分ごとの土地均一所有）の理想を準備する。

また、「大一統」を保つためには、あらゆる価値基準を国家のもとに収斂しておく必要があった。そのための装置が儒教に基づく教化を行う「学校」、そして科挙《かきょ》に代表される官僚登用制度である。さらに、「四庫全書《しこぜんしょ》」の編纂《へんさん》や故宮博物院の文物が代表する皇帝による文化事業も、文化価値の収斂を推進して「大一統」を維持するために用いられた。

「古典中国」の天下観・世界観である華夷思想は、『春秋公羊伝』成公《せいこう》十五年に記される「諸夏《しょか》を内として夷狄《いてき》を外にす」という春秋の義により規定される。華夷思想は、地理的に世界を説明するものではない。天子が徳治を行う中華を世界の内とし、徳の及ばない「南蛮《なんばん》・東夷《とうい》・西戎《せいじゅう》・北狄《ほくてき》」の夷狄を世界の外とする概念である。したがって、教化が及べば、たとえ北魏や隋唐のように夷狄の出身であっても、「古典中国」の体現により、中華の君主と成り得る。それが文化によって中華と夷狄を区別する儒教の規定であった。

また、中国の君主は、漢代以降、天子と皇帝という二つの称号を持つ。中国を実力で支配する皇帝の持つ権力を、天命を受けた聖なる天子の支配という権威が正統化していたのである。後漢末の鄭玄《じょうげん》は、天子が天の子であることを感生帝説《かんせいていせつ》に基づく六天説《りくてんせつ》により説明した。これに対して、西晋《せいしん》の武帝が採用する王粛《おうしゅく》説は、感生帝説と六天説を否定し、圜丘《えんきゅう》と南郊《なんこう》を同一のものとして、昊天上帝《こうてんじょうてい》一柱（神としての天）を南郊で祭ることを主張する。鄭玄説か王粛説かの違いはあるが、南郊での祭天儀礼は、契丹《きったん》族の遼《りょう》を唯一の例外として、すべての前近代中国国家に継承されていく。

同一性と時代性

「古典中国」による時代区分を用いることで、長い歴史を持つ中国の同一性と時代性を把握することが容易になる。同一性は、伝統と言い換えてもよい。現代の中国は、何を「古典中国」から伝統として継承し、どのような新しい時代性を帯びているのであろうか。その指標となる「古典中国」の具体像とその展開は、第一章以下の記述により明らかとなり、この難しい序文の意味も理解していただけよう。

それでは現代の中国を理解する視座を過去の歴史からの縦軸に置き、中国の変わらぬ部分と時代の要請を受けながら変容していく姿を見ていくことにしよう。

第一章

原中国（殷周、春秋・戦国）

君主権力の伸長と氏族制

「原中国」理解の中心となるのは、現在も続く中国の特徴である、巨大な権力がどのように生まれたのか、という問題である。その際、権力は、前近代国家、なかでも中国では、君主権力と国家権力を別々に捉えた方が理解しやすい。

その存在が文字から確認できる中国最初の国家である殷《いん》の王は、巨大な墓に葬られている。しかし、自らの子にその王位を継がせることはできなかった。巨大な王墓に象徴される国家全体の権力が、王という君主個人の権力であるか否かは、別の問題なのである。

殷・周《しゅう》の君主権力は、氏族《しぞく》制の軛《くびき》のもとに置かれていた。氏族（クラン）は、共通の祖先を持つという意識で結ばれた出自集団である。ただし、殷の王権を共同で所有した氏族が、太陽を祖先と考えるように、氏族の祖先は神話的・伝説的存在で、成員は具体的な系譜を明確には認識していない。系譜関係が相互に明確な場合はリネージ（血統）と呼び、氏族はいくつかのリネージから構成される場合も多い。氏族は、固有の名称やトーテム（氏族と宗教的に結びつけられた動物などの象徴）を用いることも少なくない。

家族よりも大きく、部族よりも小さい氏族と呼ばれる血縁的な集団が、「原中国」では、経済的・社会的・政治的単位としての機能を持つ。殷は、十の氏族が共同で王権（国家権力）を所有しており、その権力は巨大な王墓に象徴される。だが、それらの中から一つの氏族が、さらには君主という個人が権力を確立するには、秦漢《しんかん》帝国の出現を待つ必要があった。

殷や周は、城壁に囲まれた邑《ゆう》の集合体で、邑の内部には氏族制的な紐帯《ちゅうたい》があった。そして、殷や周とそれに従う他の邑との関係も、氏族制に規定されていた。そうした氏族制社会は、春秋《しゅんじゅう》・戦国《せんごく》時代（前七七〇年～前四〇三年～前二二一年）という過渡期を経て、ゆるやかに解体していく。それを推し進めたものは、牛犁耕《ぎゅうりこう》（鉄製農具と牛耕《ぎゅうこう》）による生産力の発展と富国強兵を目指した政治改革、そして、「諸子百家《しょしひゃっか》」と総称される思想家たちの活躍であった。

黄河・長江文明

中国文明発祥の地は、長らく黄河《こうが》の流域と考えられていた。しかし、近年の発掘成果は、黄河流域だけが中国文明の始まりではなく、それに匹敵する長江《ちょうこう》文明が存在したことを明らかにした。したがって、従来の「黄河文明」という呼称に対して、長江文明の重要性を示す「江河《こうが》文明」という名称により、中国の新石器時代を表現しようという提案もある。寧波《ニンボー》付近の河姆渡《かぼと》遺跡は約六千年前のものといわれ、陶器や骨のほか、モミなども出土し、イネ栽培が長江下流で行われていたことを示している。

しかし、中国文明の中心地は、あくまでも黄河流域であった。現在、中国最古とされる藍田《らんでん》原人が、黄河に流れ込む渭水《いすい》の南で発見されたほか、旧石器時代早

図一　姜寨遺跡

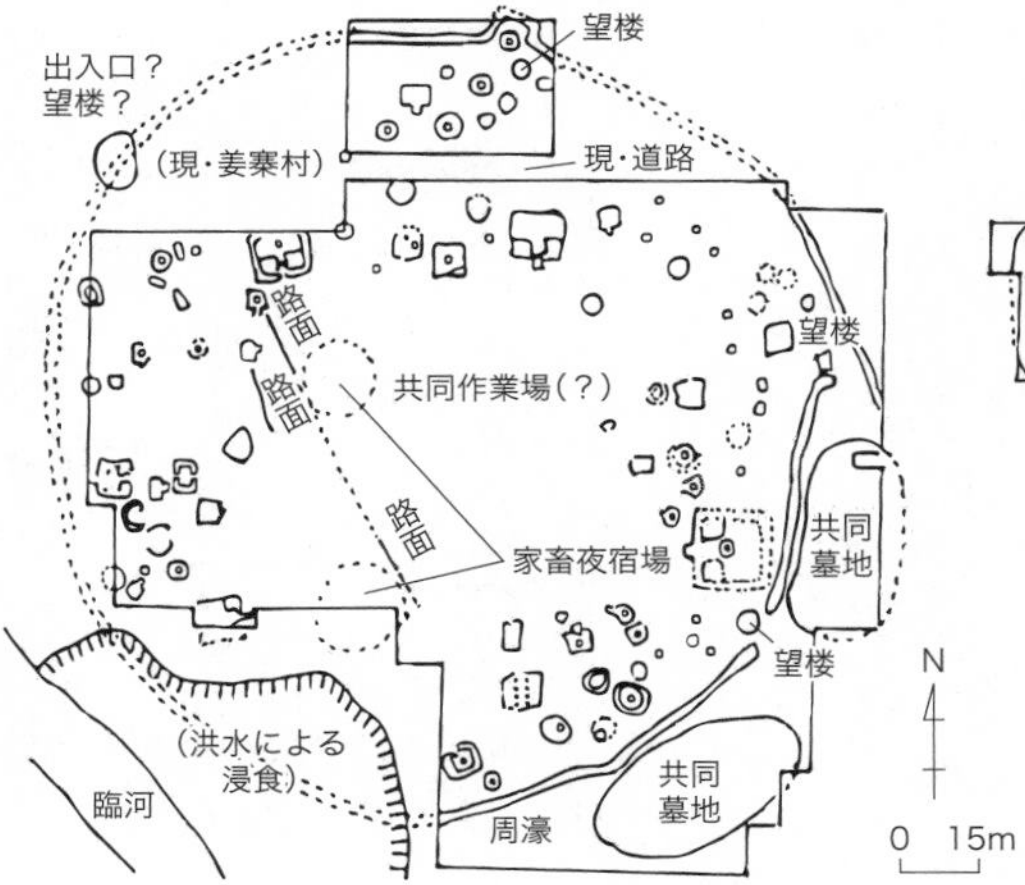

出典：『資料中国史―前近代編―』（白帝社）

期の遺跡が最も集中しているのは、西安《せいあん》以東、洛陽《らくよう》以西の渭水から黄河にかけての地域なのである。後世「中原《ちゅうげん》」と呼ばれる中国文明の中心である黄河中下流を特徴づける文化は、陝西省《せんせいしょう》西安市の半坡《はんぱ》遺跡や河南《かなん》省の仰韶《ぎょうしょう》遺跡を代表とする彩陶《さいとう》を特徴に持つ仰韶文化と、山東《さんとう》省の竜山鎮城子《りゅうざんちんじょうし》崖《がい》遺跡を代表とし、薄手の黒《こく》陶《とう》により特色づけられる竜山文化である。

新石器時代の初期、人々は早くもかなり大規模な聚落《しゅうらく》を作り、濠《ほり》をめぐらして、氏族制社会を構成していた。仰韶文化の姜塞《きょうさい》遺跡では、円形の環濠集落《かんごうしゅうらく》（濠に囲まれた集落）の真ん中に祭祀の跡が残り、共通の祖先の祭祀を中心とした氏族共同体の集落であったことが分かる（図一）。

その後、竜山文化期を経て、中国最初の王朝である夏《か》王朝が創建された、といわれている。文字の未発見のため、夏王朝の存在を実証するには至っていないが、中国史上、最初の「国家」（聚落の連合体）ができたことを意味しよう。

夏

三代と総称される夏・殷・周のうち、禹《う》王が開いたとされる夏王朝は、河南省偃師《えんし》県の二里頭《にりとう》遺跡が候補地とされている。ただし、文字の未発見により、その実在は証明されていない。それでも、二里頭遺跡の一号宮殿は、回廊《かいろう》に囲まれ、

図二　二里頭遺跡

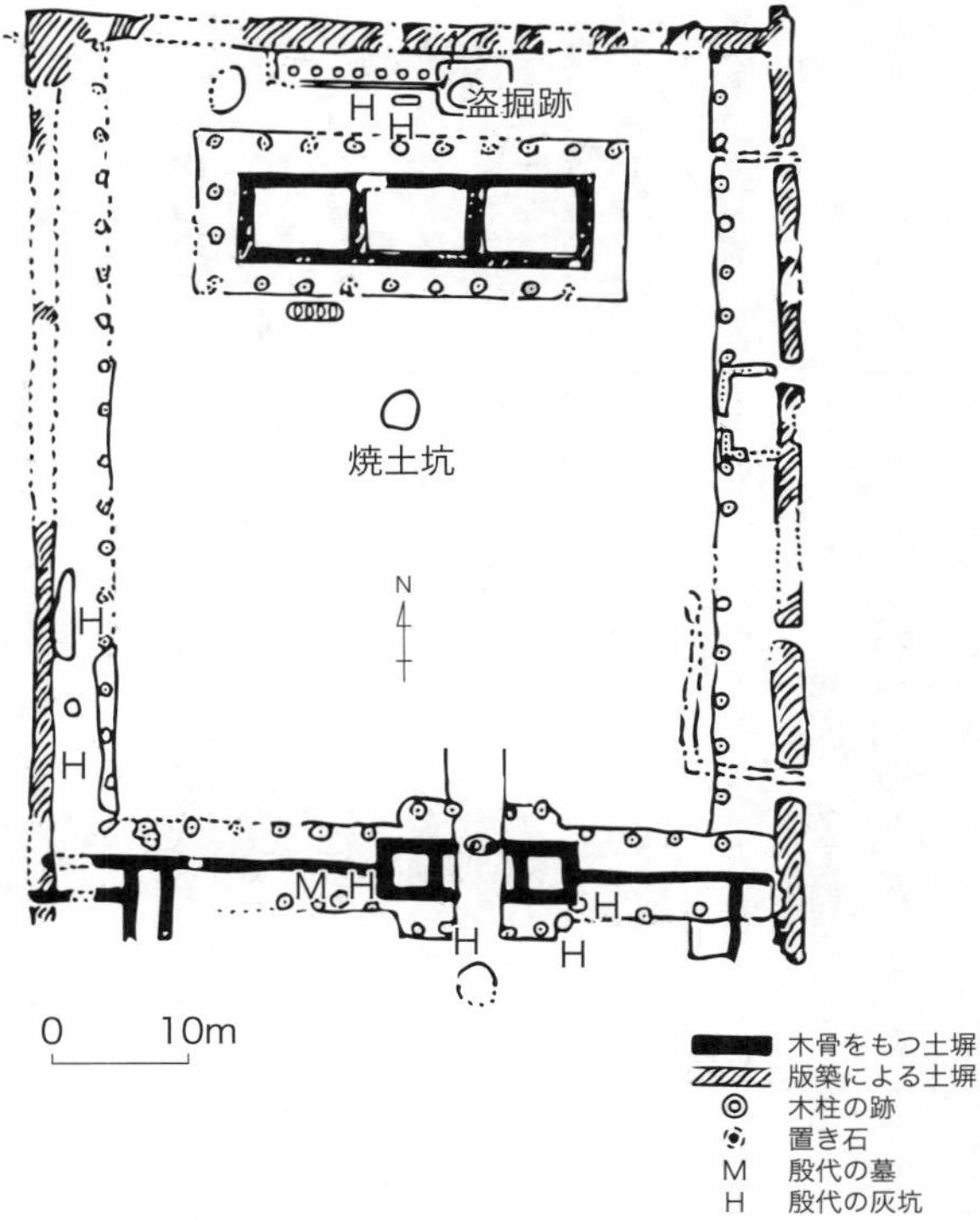

出典：『資料中国史ー前近代編ー』（白帝社）

内部に広い中庭を持ち、その正面に正殿を配すという、こののちの中国宮殿の構造の基本形を充足している（図二）。

夏の始祖とされる禹王は、黄河の治水に功績を挙げ、黄帝《こうてい》から始まる伝説上の「五帝《ごてい》」の一人である舜《しゅん》から禅譲《ぜんじょう》を受けたとされる。黄河を治めた王こそ、中国を治める資格を持つのである。禹王の死後は、子の啓《けい》王が後を継ぎ、桀《けつ》王のとき殷の湯《とう》王に鳴条《めいじょう》の戦いで敗れたというが、夏の事跡は未だ伝説の中である。

殷――祭政一致の神権政治

夏を打倒した殷は、殷墟《いんきょ》から出土した甲骨《こうこつ》文字の解読により、実在を確認できる最古の王朝である。二〇世紀の初め、殷後期の首都である殷墟（河南省安陽県《あんようけん》小屯《しょうとん》）が発掘され、そこから大量の青銅器や馬車と共に出土した甲骨文字の解読により、その実在が明らかにされた。殷の都城は大きな城壁に囲まれていた。その基本単位である邑《ゆう》は、城壁に囲まれた国家であり、いくつかの氏族共同体により構成されていた。また、邑ごとに王邑《おうゆう》―族邑《ぞくゆう》―属邑《ぞくゆう》といった支配―隷属関係も存在していた。殷王朝は数百の邑の連合体で、これを邑制国家と呼ぶ。

前一七〇〇年ごろに、湯王によって開かれたという殷は、はじめ二里岡《にりこう》を中心としていたが、盤庚《ばんこう》のとき殷墟《いんきょ》に都を置いた。やがて紂王《ちゅうおう》が、妲己《だっき》を溺愛して暴政を行い、周《しゅう》の武王《ぶおう》に牧野《ぼくや》の戦いで敗れて滅亡した、とされる。

殷では、政治のすべてを占いによって定めたが、占いには亀の甲羅《こうら》や牛の肩甲《けんこう》骨《こつ》が使われた。占いの結果を書き記すために使われた文字が、漢字の起源とされている甲骨文字である。王位継承・戦争・農業・祭祀など、様々な政治が、占卜《せんぼく》を通じて天帝《てんてい》の意志を占うことにより行われた。したがって、天帝、そして殷の王権を構成する氏族の祖先を祀ることが、政治の最も重要な内容であった。ここでは、政治と祭祀とが一致している。多くの古代文明に共通する祭政一致《さいせいいっち》の神権《しんけん》政治《せいじ》を殷も行っていたのである。

氏族共同体の連合体としての王権

殷の王墓は、巨大である。たとえば侯家荘《こうかそう》の王墓は、地下十m、全面積千二百㎡に及ぶ。ところが、『史記《しき》』の伝える殷王の系譜からも、甲骨文字により明らかになった殷王の系譜からも、殷の王は必ずしも実の子に王位を継承できていない。『史記』を著した司馬遷《しばせん》は、これを兄弟相続として記録した（図三）。司馬遷が生きた漢《かん》の時代には、いくつかの氏族で国家権力を共有することなど、考え難かったためであろう。

甲骨文字から分かる殷の王位継承は、不規則ではあるが、原則として四つの氏族の間で定期的に王位が交替されている。未だ一つの氏族によって、王を世襲できるほど、一つひとつの氏族の、さらには王個人の権力は確立していなかった。王を出す四つの氏族（甲・乙・丙・丁）、王妃を出す六つの氏族（戊・己・庚・辛・壬・癸）、その連合体が殷という王権を全体として形成していた。

図三　殷の王位継承

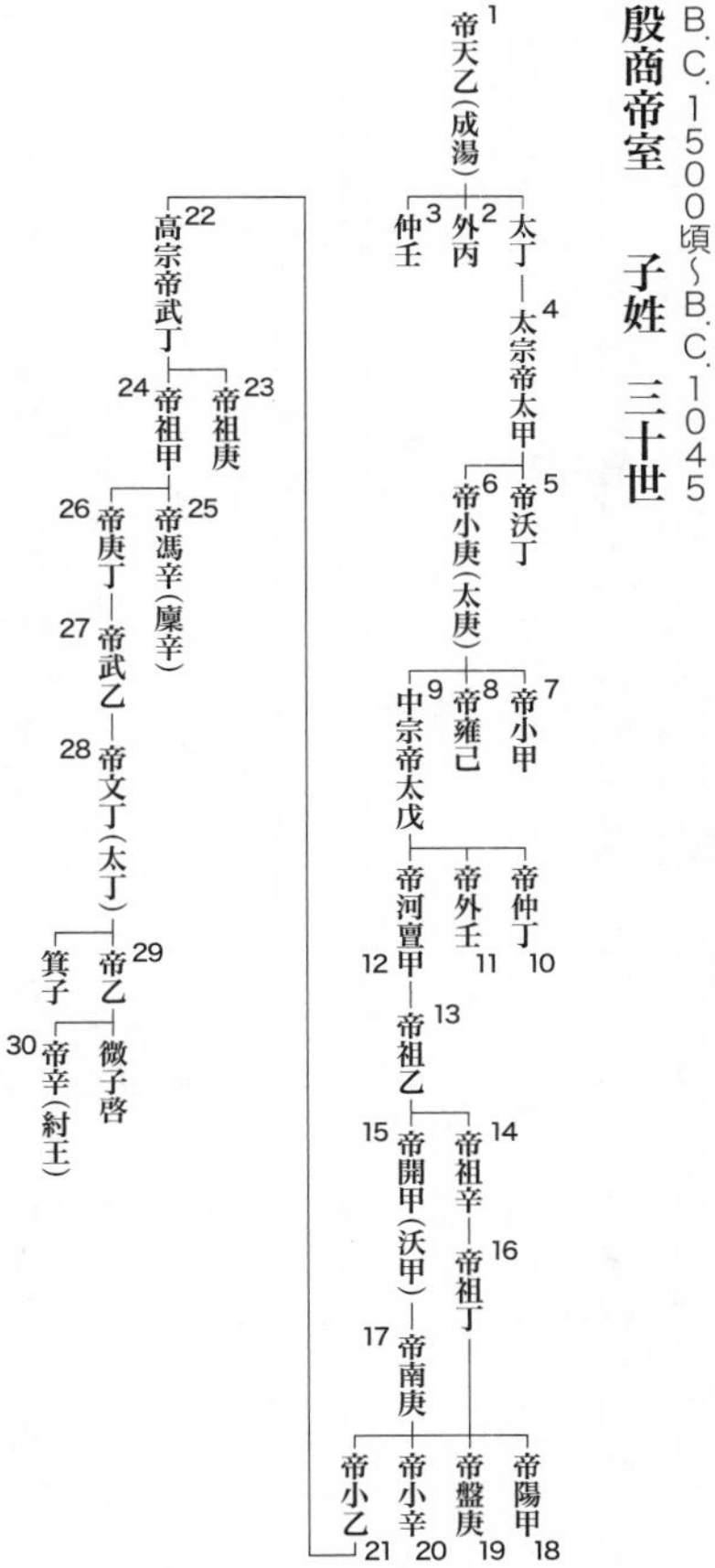
B.C.1500頃～B.C.1045
殷商帝室　子姓　三十世
1 帝天乙（成湯）
太丁
2 外丙
3 仲壬
4 太宗帝太甲
5 帝沃丁
6 帝小庚（太庚）
7 帝小甲
8 帝雍己
9 中宗帝太戊
10 帝仲丁
11 帝外壬
12 帝河亶甲
13 帝祖乙
14 帝祖辛
15 帝開甲（沃甲）
16 帝祖丁
17 帝南庚
18 帝陽甲
19 帝盤庚
20 帝小辛
21 帝小乙
22 高宗帝武丁
23 帝祖庚
24 帝祖甲
25 帝馮辛（廩辛）
26 帝庚丁
27 帝武乙
28 帝文丁（太丁）
29 帝乙
箕子
微子啓
30 帝辛（紂王）

氏族とは、共通の祖先を信仰する血縁的集団である。したがって、氏族の内部で婚姻することは好ましくなく、婚姻相手を外に求める外婚制《がいこんせい》を取り、いくつかの氏族が連合体を形成する。すでに姜塞《きょうさい》遺跡で、氏族ごとの住み分けを見ることができた。殷もまた、氏族共同体から邑制国家へと発展する中で、王と王妃とを出す十の氏族連合体で殷を構成することにより、外婚制を維持したのである。

周——易姓革命

周《しゅう》は、殷《いん》の勢力下の邑《ゆう》であったが、肥沃な農耕地帯であり、要害の地でもある渭水盆地《いすいぼんち》を拠点に、古公亶父《ここうたんぽ》以降、勢力を蓄えた。これに対する殷の攻撃と周の服従を記す甲骨《こうこつ》も残っている。やがて、姫昌《きしょう》（文王《ぶんおう》）のときに、その勢力を認められ、殷から西伯《せいはく》とされた。姫昌の死後、姫発《きはつ》（武王）は、周公旦《しゅうこうたん》・太公望《たいこうぼう》・召《しょう》公奭《こうせき》らの補佐のもと、殷を倒して周王朝（西周）を建国した。

武王に続く成王《せいおう》・康王《こうおう》のとき、西周は全盛期を迎える。周の根拠地であった周《しゅう》原《げん》（陝西省岐山県《せんせいしょうきざんけん》）、殷討伐の拠点となった鎬京《こうけい》（宗周《そうしゅう》、陝西省西安市《せんせいしょうせいあんし》）、東方支配の基地である洛邑《らくゆう》（成周《せいしゅう》、河南省洛陽市《かなんしょうらくようし》）は、三都と呼ばれ、周原の遺跡からは、壮麗な宗廟《そうびょう》（一族の祭祀を行う廟）や宮殿が発掘されている。

だが、周は次第に衰退し、厲王《れいおう》は追放され、周定公《しゅうていこう》と召穆公《しょうぼくこう》が「共に和して」政治をした（共和制の語源）。宣王《せんおう》が中興したが、続く幽王《ゆうおう》は、申《しん》后を廃して褒《ほう》姒《じ》を后として申侯の怒りを買い、申侯と犬戎《けんじゅう》に殺された。平王《へいおう》が洛邑を都に東周《とうしゅう》を立てるが、周王の力は回復せず、春秋《しゅんじゅう》・戦国《せんごく》時代が展開していく。

儒教の祖である孔子《こうし》は、自分が生まれた魯《ろ》の始祖である周公旦《しゅうこうたん》と周王朝を理想に据えた。儒教がやがて中国の正統思想になると、周は中国の理想と位置づけられる。それにより、孟子《もうし》が周で行われたと主張する、農民に土地を等しく分ける井田制《せいでんせい》という土地制度や、徳を修めたものに天が命を降して王朝が交替するという易姓革命《えきせいかくめい》の考え方は、「古典中国」の重要な要素となっていく。

礼政一致の封建制度

周は殷を破ったのち、殷の支配した邑《ゆう》を統合するために、封建制度《ほうけんせいど》を施行した。西欧や日本の封建制度に比べて、周の封建制度は、氏族的結合関係を持つことを特徴とする。周と同姓の諸侯には血縁関係がある。周と血縁関係を持たない功臣など異姓の諸侯には、周の一族の女性が嫁ぎ、血縁関係を結ぶ。こうして周の王族を大宗《たいそう》（本家）とし、諸侯を小宗《しょうそう》（分家）とし、その下の家臣団をさらなる小宗（分家）とする血縁的および擬制血縁的な結びつきが形成される。これが宗族《そうぞく》と呼ばれる中国の氏族である（図四）。

宗族の守るべき祖先祭祀《そせんさいし》、嫡長子相続《ちゃくちょうしそうぞく》、同姓不婚《どうせいふこん》、大宗の優越といった礼《れい》は、宗法《そうほう》と呼ばれ、周の封建社会の秩序を維持するための要《かなめ》であった。宗法を守ると祖先を祭祀する嫡長子で、大宗でもある周の支配が継続する。これこそ孔子の尊重した礼である。周は、宗族と宗法（礼）の維持を政治の主目的とする礼政一致《れいせいいっち》

図四　周の封建制度

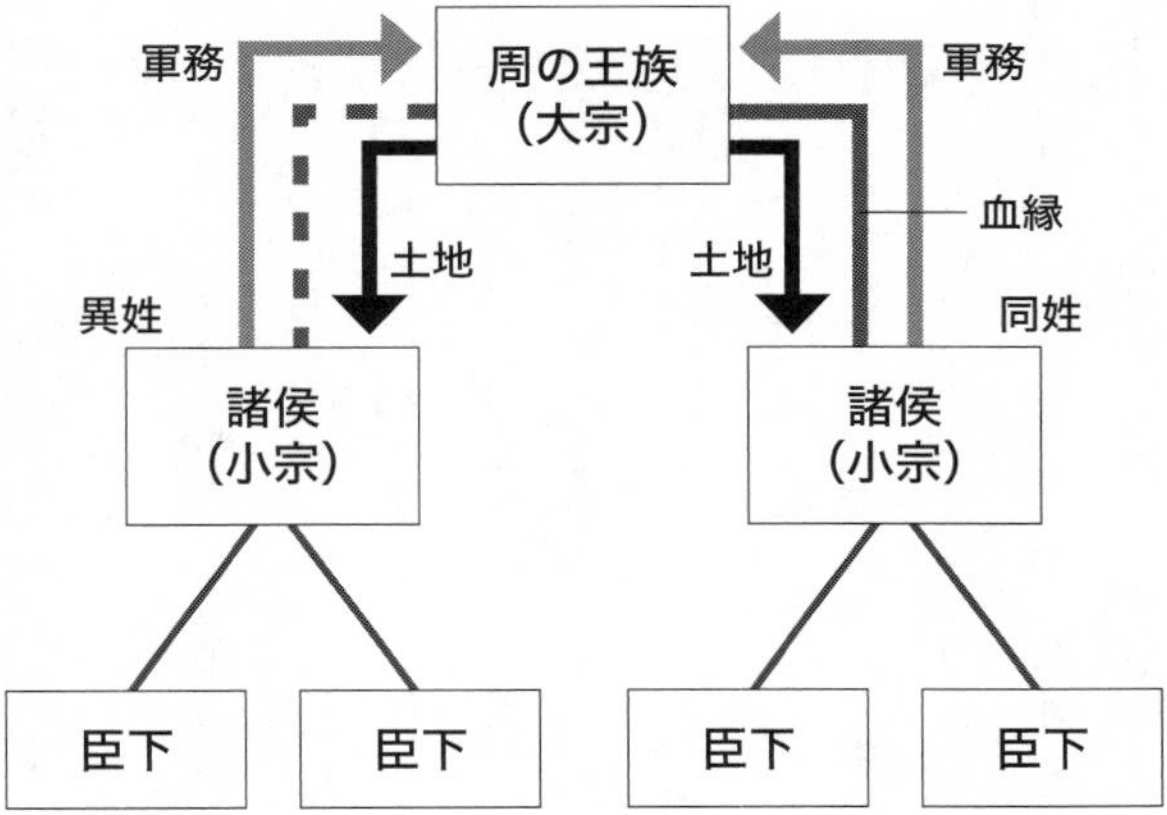

の封建制度により、中国を支配したのである。

上帝から天へ

甲骨文字によれば、殷《いん》は三種類の神を祭祀の対象としていた。第一は、自然現象を支配、ないしは自然物を神格化した自然神「上帝《じょうてい》」である。第二は、殷王室の遠祖とされる高祖神《こうそしん》、第三は、様々なものの祖先の先臣神《せんしんしん》である。これら三種の中で、自然を支配する力、人事に禍福を降す力があると考えられた最高神が上帝である。殷の自然神である上帝は、周の金文《きんぶん》（青銅器に鋳込《いこ》まれた文字）では「天《てん》」と記されるようになった。変わったものは文字だけではない。周において天と表現された上帝は、自然神としての性質も変更されていく。

大盂鼎《だいうてい》という青銅器に鋳込《いこ》まれた周の金文は、周が殷に代わって王朝を開いた理由を、第一に文王が天命を受けたこと、第二に武王が四方を征服したことに求める。文王が天命を授けられた理由は、酒に酔わず徳を修めたことにある。天命の降下という人知を超えた現象を、人間が倫理的に自戒することで受ける。上帝の意志を一方的に占っていた殷とは異なる神への接し方をここに見ることができよう。また、天は文王が徳を修めていることを見て、周を開くべきとの天命を降している。天も殷の上帝とは異なり、人格神へと変貌していることが分かる。ただし、周の創建は、文王が天命を受けたことだけではなく、武王が現実的な力により四方を征服したことも理由とされていることに注目したい。前者が天子《てんし》、後者が王《おう》(やがて皇帝)と呼ばれる、「古典中国」の支配者が持つ二つの側面は、ここを起源とするのである。

春秋の五覇

春秋《しゅんじゅう》初期には、首都を洛邑《らくゆう》に移した東周《とうしゅう》のもと、なお二百数十が独立した国家として存在した。これらの間で兼併《けんぺい》が進行し、滅亡していく国も多かった。「春秋の五覇《ごは》」のうち(図五)、斉《せい》の桓公《かんこう》・晋《しん》の文公《ぶんこう》は、小国の滅亡を防ごうとした

図五　春秋の五覇

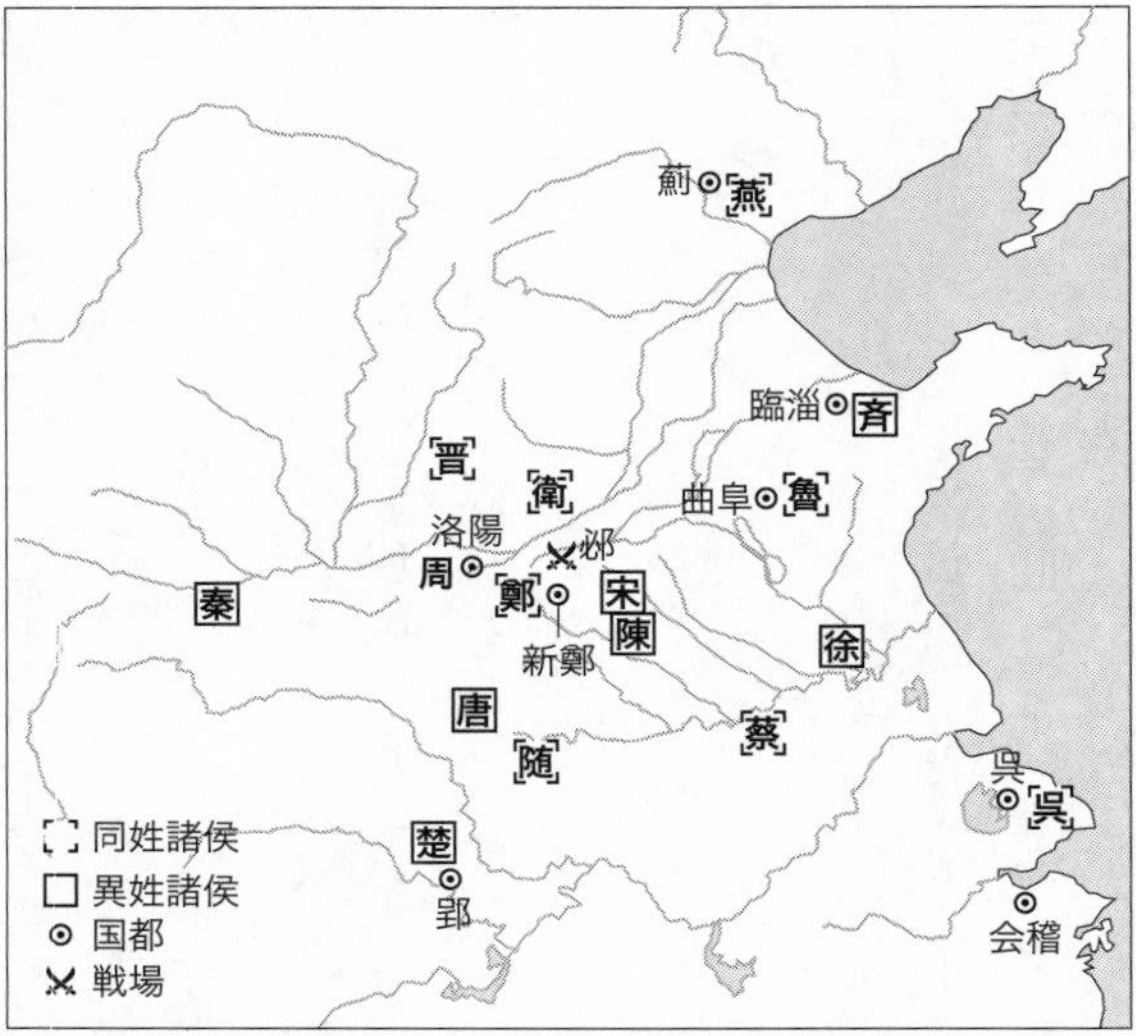

出典：『資料中国史―前近代編―』（白帝社）

が、戦国時代に向けた富国強兵と下克上の風潮は止まなかった。その際、「化外《けがい》」の（中華の外に住み教化されていない）外来民族による建国と、およびそれ自身の「華《か》化《か》」（中華文化を受け入れる）という現象が進行した。秦の基礎を築いた穆公《ぼくこう》は、「西戎《せいじゅう》の覇者」と称された「化外」民族の出身であり、その秦が最終的に中国を統一する。「古典中国」の民族意識である「中華《ちゅうか》」と「夷狄《いてき》」という概念は、肉体的な差異ではなく、「中華」の文化を受け入れているか否かにある。

春秋時代の邑《ゆう》は、殷周《いんしゅう》の流れを受けて祭りと戦いを共同に行う氏族共同体として存続していた。その拠り所が、社稷《しゃしょく》と宗廟《そうびょう》である。社稷は、邑の境域の守護神であり、構成員の祭りの場でもあった。宗廟は、邑の中核をなす有力な氏族が、自分の祖先を祭る施設である。周の封建《ほうけん》を受け、宗族としての繋がりを持つ国では、宗廟の祭りは支配者としての周の一族の祖先祭祀でもあったので、社稷と宗廟は、氏族共同体を支える聖所であった。そうした氏族の紐帯を破壊できないため、春秋の中期以降に強大となった南方の楚《そ》も西北の晋も、なかなか邑を滅ぼせなかった。そこで、大国は小国と「盟《めい》」を結んで服従させたが、大国の過酷な要求に小国が叛《そむ》き、他の大国と盟を結んで存続を図ることも多かった。

叛服《はんぷく》常ない小国に対して、大国はやがて小国を滅ぼし、そこの支配氏族を誅殺《ちゅうさつ》し、社稷・宗廟を破壊して、自国の「県《けん》」として官僚を派遣する統治を始める。県は、当初もっぱら軍事的拠点となり、兵力の提供源として厳重に支配された。この動きの進展により、邑制国家《ゆうせいこっか》は次第に領域国家《りょういきこっか》へと編成され、氏族共同体の首長に過ぎなかった各国の君主が、専制君主へと変貌していく。

しかし、県とされた邑では、強い抵抗により官僚が殺され、逆に派遣した官僚が自分の宗廟を建てて私領とするなど、十分な支配ができないことも多かった。そうした中で、王を中心とした王族全体の支配から、専制君主個人の権力形成へと進むためには、それを可能にする権力基盤が必要である。秦《しん》の商鞅《しょうおう》の変法《へんぽう》を代表とする戦国諸国の君主権力強化政策は、そのためのものであった。

斉の桓公は、管仲《かんちゅう》を宰相として、北上する楚を破って諸侯と葵丘《ききゅう》で会盟《かいめい》し、周王を守り夷狄を破る「尊王攘夷《そんおうじょうい》」を大義名分に、諸侯に覇を唱えて、「春秋の五覇」の始まりとなった。続いて晋の文公は、城濮《じょうぼく》の戦いで楚を破って覇者となる。

一方、黄河流域とは文化を異にする長江中流域の楚《そ》の荘王《そうおう》は、「尊王攘夷」を掲げずに自ら王と称し、邲《ひつ》の戦いで晋を破って覇権を握った。

長江下流域の呉王《ごおう》闔閭《こうりょ》は、楚から亡命した伍子胥《ごししょ》と兵法で名高い孫武《そんぶ》らを登用して楚を撃破した。子の夫差《ふさ》は、会稽《かいけい》の戦いで越王《えつおう》の勾践《こうせん》を破ったが、臥薪嘗胆《がしんしょうたん》した勾践が、范蠡《はんれい》を用いて夫差に勝利する。やがて、晋が趙氏・魏氏・韓氏により分割され、周王がそれを認めて自ら権威を失うことで、「下克上」が公認された戦国時代に移行するのである。

戦国の七雄

戦国時代初頭、もはや邑制国家はその数を急速に減じ、やがて燕《えん》・斉《せい》・趙《ちょう》・魏《ぎ》・韓《かん》・楚《そ》・秦《しん》の七大国といくつかの小国だけに統合されていく（図六）。七雄は、それぞれ治水灌漑や郡・県の設置により富国強兵《ふこくきょうへい》に努めたが、「諸子百家《しょしひゃっか》」の言説を背景にしながら、氏族制の枠組みを超えた人材登用に成功した国が、国

図六　戦国の七雄

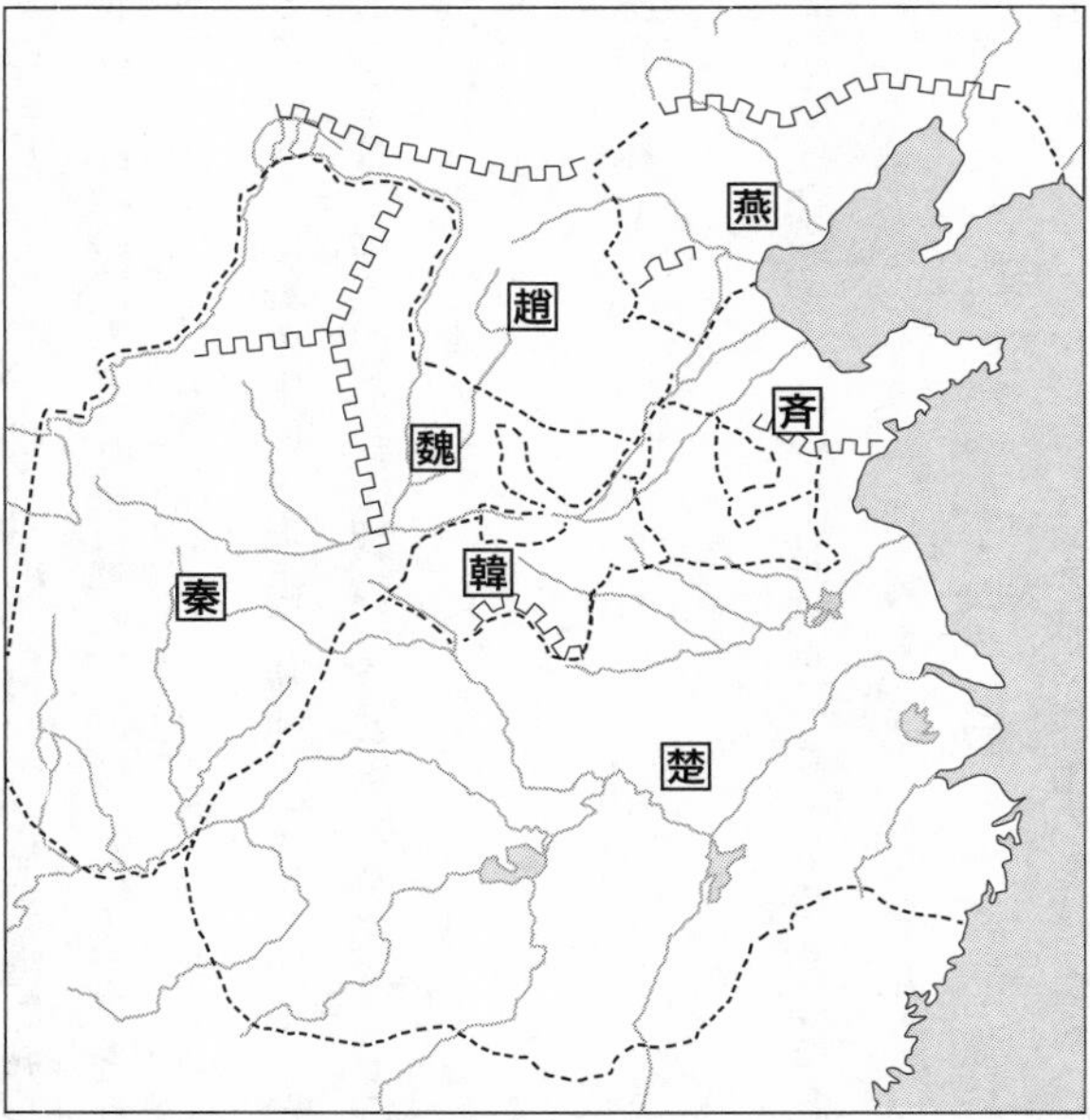

出典：『資料中国史―前近代編―』（白帝社）

力を増大させていく。

魏は、文侯《ぶんこう》が李悝《りかい》の変法により富国強兵に努め、兵家の呉起《ごき》を用いたが、文侯の死後、孫臏《そんぴん》を用いた斉の威王《いおう》に敗れて覇権を失った。斉は経済的に最も栄え、首都の臨淄《りんし》は七万戸を抱える大都市となった。威王は、その富を背景に学者を保護し、「稷下《しょくか》の学」では「諸子百家」が議論を戦わせた。子の宣王《せんおう》のとき「稷下の学」は最高水準の学術を誇る。しかし、次第に衰退し、最後の王となった田建《でんけん》は幼少で、秦から賄賂を受けた宰相の后勝《こうしょう》の進言に従って、秦に降伏した。

燕は、昭王《しょうおう》のときに「隗より始めよ」と言った郭隗《かくかい》を優遇し、縦横家（外交家）の蘇秦《そしん》、名将の楽毅《がくき》を招いた。やがて弱体化すると、太子の子丹《したん》が刺客の荊軻《けいか》に、秦王政《せい》（始皇帝《しこうてい》）の暗殺を命ずるが失敗して滅亡する。趙は、胡服騎射《こふくきしゃ》を取り入れた武霊王《ぶれいおう》の時に強大化した。秦の攻勢には「刎頸《ふんけい》の友」である藺相如《りんしょうじょ》と廉頗《れんぱ》が立ちはだかった。しかし、長平《ちょうへい》の戦いで秦の白起《はくき》に大敗したことで弱体化する。秦の王翦《おうせん》らが侵攻すると、幽繆王《ゆうびゅうおう》のもと李牧《りぼく》が善戦するが、秦は幽繆王の奸臣の郭開《かくかい》に賄賂を贈って李牧を殺させ、趙は滅亡する。

楚は、春秋より続く王族が地方に割拠し、呉起《ごき》の改革も失敗して、王に権力が集中しなかった。縦横家の張儀《ちょうぎ》に騙《だま》され、秦に幽閉された懐王《かいおう》は、項燕《こうえん》の孫の項《こう》羽《う》が挙兵したときに心の拠り所となった。懐王を諫め続けた屈原《くつげん》は、憂国の詩を『楚辞《そじ》』に残した。韓は、昭侯《しょうこう》のもと法家の申不害《しんふがい》が君主権力を強化した。だが、伊闕《いけつ》の戦いで秦の白起に敗れ、圧力の止まぬなか、法家思想を集大成した韓の公子の韓非《かんぴ》（韓非子《かんぴし》）は、使者として秦王政のもとに赴く。秦王政に韓非は歓待されるが、最期は同門の李斯《りし》によって殺されたという。

諸子百家

諸子百家《しょしひゃっか》とは、春秋末期から戦国にかけて活躍した思想家を総称する言葉で、子は先生、百家は思想家の流派の多さを象徴的に示す。諸子百家は、孔子《こうし》を開祖とし、孟子《もうし》・荀子《じゅんし》に継承された儒家《じゅか》、老子《ろうし》・荘子《そうし》の道家《どうか》のほか、陰陽家《いんようか》・法家《ほうか》・名家《めいか》・墨家《ぼくか》・縦横家《しょうおうか》・雑家《ざっか》・農家《のうか》の九流に分類される。

九流の諸子は、「稷下《しょくか》の学」などでの接触を通じて、説話の比喩や弁舌の論理を磨き、相手の理論を自己の主張に組み入れ、他派より優位に立とうとした。たとえば、墨子《ぼくし》を祖とする墨家は、親しい者から遠い者へと拡げる孔子の仁《じん》を別愛（差別愛）と批判し、無差別平等の「兼愛《けんあい》」を説き、侵略戦争を否定する「非攻《ひこう》」を主張した。あるいは、儒家の荀子に学んだ韓非子は、信賞必罰《しんしょうひつばつ》の法家思想を理論的に集大成し、同門の李斯は、始皇帝に仕えて法制を整えた。

このほか、陰陽家の鄒衍《すうえん》は、終始五徳《しゅうしごとく》説を説き、王朝を含めた万物の交替が五行、すなわち水・火・金・木・土の五つの徳の転移によって起こるとした。また、名家の公孫竜《こうそんりゅう》は「白馬非馬」論により名・実の概念を論理学的に追求し、農家の許行《きょこう》は君主も民も共に農耕すべきという君民並耕説を述べ、蘇秦《そしん》・張儀《ちょうぎ》など外交に秀でた縦横家の言説をまとめた『戦国策《せんごくさく》』は、戦国時代の語源となった。しかし、これらの諸子は、始皇帝による思想統一の際に弾圧の対象とされ、「古典中国」を形成する漢で儒教一尊が定まると、思想の本流から外れていく。

儒家の祖である孔子は、ソクラテスより約八十年早く、釈迦《しゃか》とほぼ同じ前五五〇年ごろに生まれた。いずれも、鉄器の普及等を機に人が多く殺された時代である。孔子は、春秋の末期、下克上《げこくじょう》の風潮の中で、弱体化した母国の魯《ろ》を建て直すために、政治に関与する志を持っていた。しかし、そのほとんどを教育者として過ごした孔子は、「仁《じん》」を最高の徳目とする教えを創りあげた。仁とは、人を愛することで、親を愛する「孝《こう》」の実践は、仁の根本である。この愛の及ぶ範囲を次第に拡大して、最後は人類愛へと到達する。やがてこの考え方は、修身《しゅうしん》（自分を修める）→斉家《せいか》（一族を整える）→治国《ちこく》（邑を治める）→平天下《へいてんか》（天下を平定する）という定式にまとめられた。また、孔子は人間が社会的存在であることから、「克己復礼《こっきふくれい》」すなわち己を慎み、社会的規範の「礼《れい》」に従うことも仁である、と『論語』の中で述べている。

孔子の孫の子思《しし》に学んだとされる孟子は、孔子の教えを性善説《せいぜんせつ》に基づく四端説《したんせつ》により理論化した。人の身体に四つの手足があるように、人の心の中にも生来、善の端緒として惻隠《そくいん》（哀れみ傷む心）・羞悪《しゅうお》（悪を恥じ憎む心）・辞譲《じじょう》（譲りあう心）・是非《ぜひ》（善悪を見分ける心）の四つが本来的に備わっている。これらの四端をそれぞれ「仁《じん》・義《ぎ》・礼《れい》・智《ち》」という徳へ育てるべきとしたのである。政治的には、仁義の徳により戦国の乱世を鎮める王道《おうどう》政治を説いた。君主がこれを実現できない時には、天は他の支配者に天命を移し、君主が交替するという易姓革命《えきせいかくめい》の論理は、「古典中国」における国家の交替を正統化していく。

様々な事象への人間の主体的関与を主張する儒家に対して、無為自然《むいしぜん》を説き、法家とも結びついて前漢《ぜんかん》半ば過ぎまで広く尊重された思想が道家《どうか》である。

道家の祖とされる老子は、生没年や事跡が不明である。その著述という『老子』も一人の作とは考えられず、現行本『老子』は、漢代の成立である。老子の根本思想は、万物を生成・消滅させながら、それ自身は生滅を超えた実在である宇宙天地の理法としての「道《みち》」である。人為を去り、道に従ったあり方が「無為自然」で、その体得者を聖人と呼び、天下を支配できるとする。

戦国中期の荘子は、前漢《ぜんかん》の『淮南子《えなんじ》』以降、老子の思想を承けて道家思想を大成したとして「老荘」と並称されるが、両者の思想には差異がある。荘子の思想の中核をなす「万物斉同《ばんぶつせいどう》」論は、現実世界における大小・長短・是非・善悪・生死・貴賤といったあらゆる対立差別の諸相が止揚して、個が個としての本来的価値を回復し、何ものにも囚われない絶対自由の境地に至り得るという観念論哲学である。荘子は、これにより人間性を回復し、十全の人生を送ることを目指した。換言すれば、人間存在に必然的に付随する苦悩からの解脱を説いたのである。後に仏教経典が、荘子の概念を使って翻訳された理由はここにある。

荀子は戦国末期の趙《ちょう》の人であるが、『荀子』には、後学の思想も含まれる。人の性は悪であるという性悪説《せいあくせつ》は、他の諸篇との関係は薄いが、そこで悪を正すためとされる「礼楽《れいがく》」による教化の重視は、荀子の中心思想である。政治論では、君主が徳を修めることを中心に置く孟子の王道政治に対して、力による政治を肯定し、王道に対して覇道政治《はどうせいじ》の必要性を説いた。礼に強制力を持たせると法になる。そのため、荀子の門下からは、李斯・韓非子という法家が輩出した。

『荀子』は、道家の天人分離説《てんじんぶんりせつ》を継承すると共に、道家が絶対化した天の高みに人を押し上げようとした。三才思想《さんさいしそう》である。人は、天地とは異なるが、理想的な有徳の聖人であれば、人を支配しながら、天と地の働きに肩を並べられるとしたのである。これは、前漢の武帝《ぶてい》期以降、董仲舒《とうちゅうじょ》学派が提唱する天人相関説《てんじんそうかんせつ》の形成に、思想上の動機を与えた。そして、中国を統一した秦の始皇帝は、自らの存在を宇宙神と同一視していく。

第二章　古典中国の形成（秦漢、魏晋）

中国の統一と「古典中国」の形成

戦国《せんごく》の七雄《しちゆう》の中で最も後進的であった秦《しん》が中国を統一したのは、新興国であるため弱体であった氏族制を商鞅《しょうおう》の変法により打ち破ったためである。だが、始皇《しこう》帝《てい》が構築した全国の民を均一に統治する郡県制《ぐんけんせい》は、氏族制解体の地域的偏差への配慮が足りず、旧六国の反発を招いて、秦は十五年で滅亡する。項羽《こうう》を破り、漢を建国した劉邦《りゅうほう》は、郡国制《ぐんこくせい》により自分の子などを旧六国地域に封建して、地域差に対応した。やがて景帝《けいてい》が呉楚七国《ごそしちこく》の乱を平定して諸王の力を削減したことで、武帝《ぶてい》の時、始皇帝の理想は実現し、匈奴《きょうど》を破って最大領土を築きあげる。中国の統一と、一人の君主が民を一人ずつ支配するという始皇帝の理想はここに実現し、「古典中国」成立の大前提が整った。

武帝の外征を機に豪族《ごうぞく》が台頭し、貧富の差が拡大した前漢では、儒者《じゅしゃ》が勢力を伸長する。儒者の王莽《おうもう》は、前漢《ぜんかん》を簒奪《さんだつ》して新《しん》を建国し、儒教に基づく国家と社会の仕組みを作ったが、新は十五年で滅亡する。後漢《ごかん》を建国した光武帝劉秀《こうぶていりゅうしゅう》は、儒教を媒介に豪族を国家に取り込んだ。孫の章帝《しょうてい》は、儒教に基づく国家と社会のあり方を白虎観会議《びゃっこかんかいぎ》で定め、「儒教国家」を成立させる。ここに儒教は国教化され、「古典中国」が成立したのである。

後漢「儒教国家」の統治が社会のあり方と乖離《かいり》すると、曹操《そうそう》は儒教に守られていた「聖漢《せいかん》」の打倒のため、儒教の価値を相対化する。それでも、後漢で形成された「古典中国」は、国家と社会に残り続ける。一方、漢の伝統を継承する劉備《りゅうび》は、「季漢《きかん》」（末っ子の漢）を建国して、曹操の子曹丕《そうひ》が建てた曹魏《そうぎ》に対抗する。また、赤壁《せきへき》の戦いに勝利を収めた孫権《そんけん》は、孫呉《そんご》を建国して長江流域の開発を進めた。諸葛亮《しょかつりょう》の死後、国勢が振るわない蜀漢《しょくかん》（季漢）は、曹魏の権力を掌握した司《し》馬昭《ばしょう》により滅ぼされる。司馬昭の子司馬炎《しばえん》は、曹魏を滅ぼして西晋《せいしん》を建国、孫呉も滅ぼして中国を統一した。

西晋は「儒教国家」を再編したが、地球規模の寒冷化に伴う北族の南下に抗しえずに、江南に逃れて東晋《とうしん》となり、華北は五胡十六国《ごこじゅうろくこく》時代が展開する。

秦の中国統一

「春秋の五覇《ごは》」に数えられることもある秦《しん》の穆公《ぼくこう》は、「西戎《せいじゅう》の覇者《はしゃ》」と呼ばれた。秦は、中華《ちゅうか》から見れば、夷狄《いてき》（異民族）扱いをされる後進国であった。前四世紀、秦の孝公《こうこう》に仕えた法家《ほうか》の商鞅《しょうおう》は、「商鞅の変法《へんぽう》」と総称される改革により、秦の国力を高める。治水灌漑《ちすいかんがい》で農地を開き、郡《ぐん》・県《けん》を置くことに加えて、君主の一族であっても軍功が無ければ爵位《しゃくい》を与えない軍功爵《ぐんこうしゃく》の制度と、民の累世《るいせい》同居を禁止する分異《ぶんい》の令《れい》を布き、支配者と被支配者の氏族制を共に解体しようとしたのである。

分異の令は、父母の死後も兄弟が分家しない場合には増税をして、単婚家族化を進めるものであった。そして新しく獲得した県へ血縁関係のない個別の家々を徙民《しみん》させ、人民管理政策の什伍《じゅうご》の制により人々を伍に組織し、徴税・軍事の連帯責任を負わせた。こうして被支配者の氏族共同体は、次第に解体されていく。

一方、君主権力の確立には、批判的な君主の宗族《そうぞく》が不要である。そこで商鞅は、軍功爵により功績を挙げない君主の氏族の構成員の権力を奪い、君主が氏族共同体を超えて、一人ひとりを直接支配する専制政治を目指したのである。しかし、宗族の力は新興国の秦でもなお強く、孝公の死去と共に商鞅は殺された。

商鞅の死後も、秦は変法を継続して、氏族制の解体に努めた。さらに、西方異民族との交戦を通じて騎馬《きば》戦術《せんじゅつ》を導入し、李斯《りし》など他国の出身でも能力のある者を重用した。こうして秦は、秦王嬴政《えいせい》(のちの始皇帝)のころには、他の六国を圧倒する力を持った。はじめ、幼い政に代わり呂不韋《りょふい》が政権を握ったが、成人した政は、呂不韋を殺して親政を開始し、法家の李斯を重用して諸制度を定めた。そして、将軍の王翦《おうせん》などの活躍により、前二二一年、中国を統一する。

始皇帝は、中国全土に郡県制《ぐんけんせい》を施行し、中央集権的な官僚制度を築きあげた。

図一　秦の統一経路

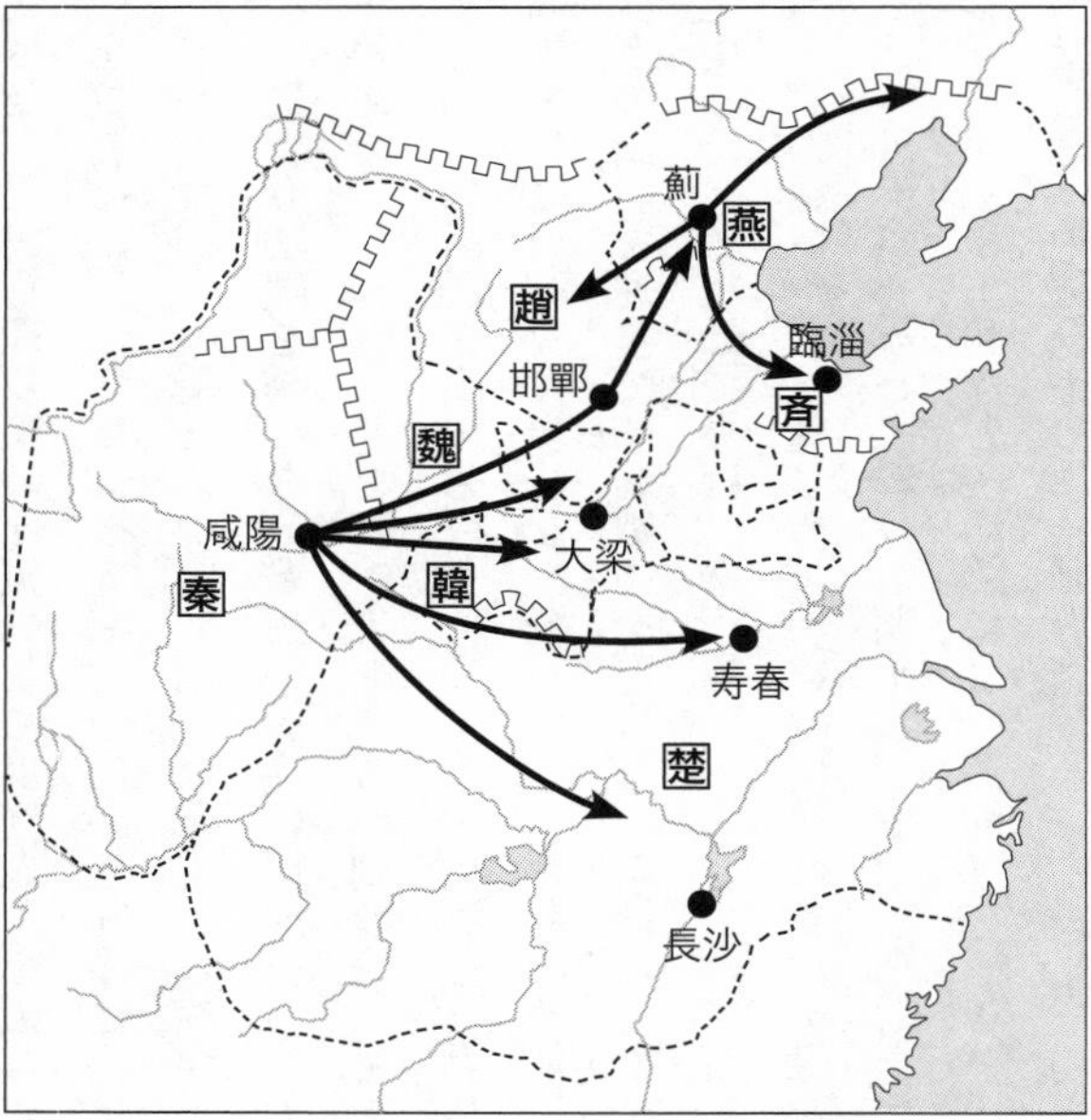

行政官として郡に守《しゅ》、県に令《れい》を派遣する一方で、尉《い》に郡の軍事力を掌握させて守への権力集中を防ぎ、さらに監《かん》により守と尉を監察して、すべての権力が皇帝に集まるようにしたのである。そして、画一的な統治が可能となるように、度量《どりょう》衡《こう》・文字を統一した。学問も法律のみに限り、諸子百家《しょしひゃっか》の書物を焼き、それを批判した儒家を穴埋めにする焚書坑儒《ふんしょこうじゅ》により思想の統一を図ったともされる。また、蒙恬《もうてん》を派遣して匈奴《きょうど》をオルドスから追い、長城《ちょうじょう》を完成した。

だが、その急速な統一への施策、法家思想に基づく厳格な統治、そして何よりも氏族制の解体が秦以外では進んでいなかったため、陳勝《ちんしょう》・呉広《ごこう》の乱を機とする農民や旧六国勢力の反乱を招き、秦は二代十五年で滅亡した。それでも、秦の諸政策が中央集権的な「古典中国」の基礎となった、という評価は揺るがない。

項羽と劉邦

始皇帝《しこうてい》が全国に施行した郡県制《ぐんけんせい》は、隋《ずい》より州県制《しゅうけんせい》と名を変えながら清《しん》まで維持され、今も続く中国の中央集権的な支配の起源となった。それでも秦が十五年で滅亡したのは、郡県制の施行には、氏族制《しぞくせい》の解体が必要だったためである。秦は、商鞅《しょうおう》の変法《へんぽう》により積極的に氏族制を解体し、郡県制施行の前提を整えた。しかし、他の六国は、秦ほど氏族制の解体は進まず、王に権力が集中せずに秦に敗れた。それらの地域を郡県制で支配しても安定しなかったのである。

六国の中でも氏族制の解体が遅れていた国は楚《そ》である。楚は、国全体の武力は秦に負けないものがあった。ただ、百の力を一人に集中すれば、分散する二百の力を破ることができる。このため秦は、氏族制の残存により王族に力が分散していた楚を破り得た。しかし、分散していた力が「反秦」という一点に集中したとき、秦は楚に敗退する。秦に最初に反乱を起こした陳勝《ちんしょう》・呉広《ごこう》も、秦を滅ぼした項羽《こうう》も、項羽を破って漢《かん》を建てた劉邦《りゅうほう》も、すべて楚の出身者である。

項羽は、代々楚の将軍の家柄で、陳勝・呉広の乱を機に伯父の項梁《こうりょう》と兵を挙げた。項梁は、楚王の子孫を懐王《かいおう》として立て反秦勢力を結集したが、秦に敗れて戦死し、代わって項羽と劉邦が中心となった。懐王は、関中《かんちゅう》（秦の地）を平定した者をその地の王にすると約束し、かれらは二手に分かれて秦都咸陽《かんよう》へ進撃した。武力に勝る項羽は、秦の主力軍を正面から大破したが、その間、劉邦はひと足早く咸陽を占領し、守備を固めて項羽を拒もうとした。激怒した項羽に、劉邦は鴻《こう》門《もん》の会《かい》で詫びる。項羽は、咸陽を焼き秦を滅ぼすと、劉邦たちを王に封建して氏族制を復活し、自ら「西楚《せいそ》の覇王《はおう》」と称したのである。

項羽の封建制は、評判が悪かった。懐王（義帝）との約束を反故《ほご》にし、劉邦を漢中王《かんちゅうおう》にしたように、恣意的に封地を定めたからである。それ以上に、郡県制による中央集権国家が形成されていく歴史の流れに逆行していた。しかも、圧倒的に強い項羽は、人の意見を聞かない。唯一信頼していた范増《はんぞう》も、劉邦の部下陳平《ちんぺい》の離間策に掛かり、死に追い込んだ。

一方、劉邦は、蕭何《しょうか》が関中を守って補給を続け、張良《ちょうりょう》が基本戦略を定め、韓信《かんしん》が斉《せい》を平定して項羽の背後を脅かし、彭越《ほうえつ》がゲリラ戦で項羽の糧道を絶つなど、豊かな才能を自在に使いこなした。結局、項羽は垓下《がいか》に包囲され、四面楚歌《しめんそか》のなか、愛姫虞美人《ぐびじん》をかたわらに決別の酒宴を開いたのち、囲みを破って烏江《うこう》に逃れたが、運命の極まったことを悟って自刎《じふん》した。

前漢——郡国制

劉邦（諡《おくりな》は高祖《こうそ》）は、前二〇二年に漢《かん》（前漢）を建国した。前漢・後漢とあわせて約四百年を支配した漢は、秦の始皇帝《しこうてい》の描いた統一国家の理想を実現し、「古典中国」を形成する。皇帝による中央集権的な官僚制度と事実上の郡県制《ぐんけんせい》、および儒教《じゅきょう》の国教化は、「古典中国」の支柱であり、前者は政治組織の基本として以後の国家の規範となり、後者は国教として政治・社会の指導理念として学術・思想を規定した。漢という帝国の名称が、「漢」民族や「漢」字の語源であるのは、「古典中国」が漢代に形成されたことを雄弁に物語る。

しかし、「古典中国」は、劉邦のときに一気に成立したのではない。劉邦は、秦の失敗に鑑みて緩やかな統治をした。皇帝から見れば優れた支配体制である郡県制も、氏族制が残る旧楚や旧斉では施行しにくい。項羽打倒に功績をあげた臣下も、王として封建《ほうけん》されることを望んでいる。であれば、旧秦の地域だけに郡県制を施き、氏族制が根強く残る地域には一族や功臣を王として封建すればよい。これが郡県制と封建制を並用した漢の郡国制《ぐんこくせい》である（図二）。

また、北方では、冒頓単于《ぼくとつぜんう》の下、モンゴル系の遊牧民族である匈奴《きょうど》が全盛期を迎えていた。白登山《はくとうさん》の戦いに敗れた劉邦は、漢の公主《こうしゅ》（皇帝の娘）を匈奴の妻とし、絹や酒食を毎年贈るという条件で和睦を結ぶ。匈奴の下風に立っても、疲弊した民の休息を優先したのである。

図二　漢の郡国制

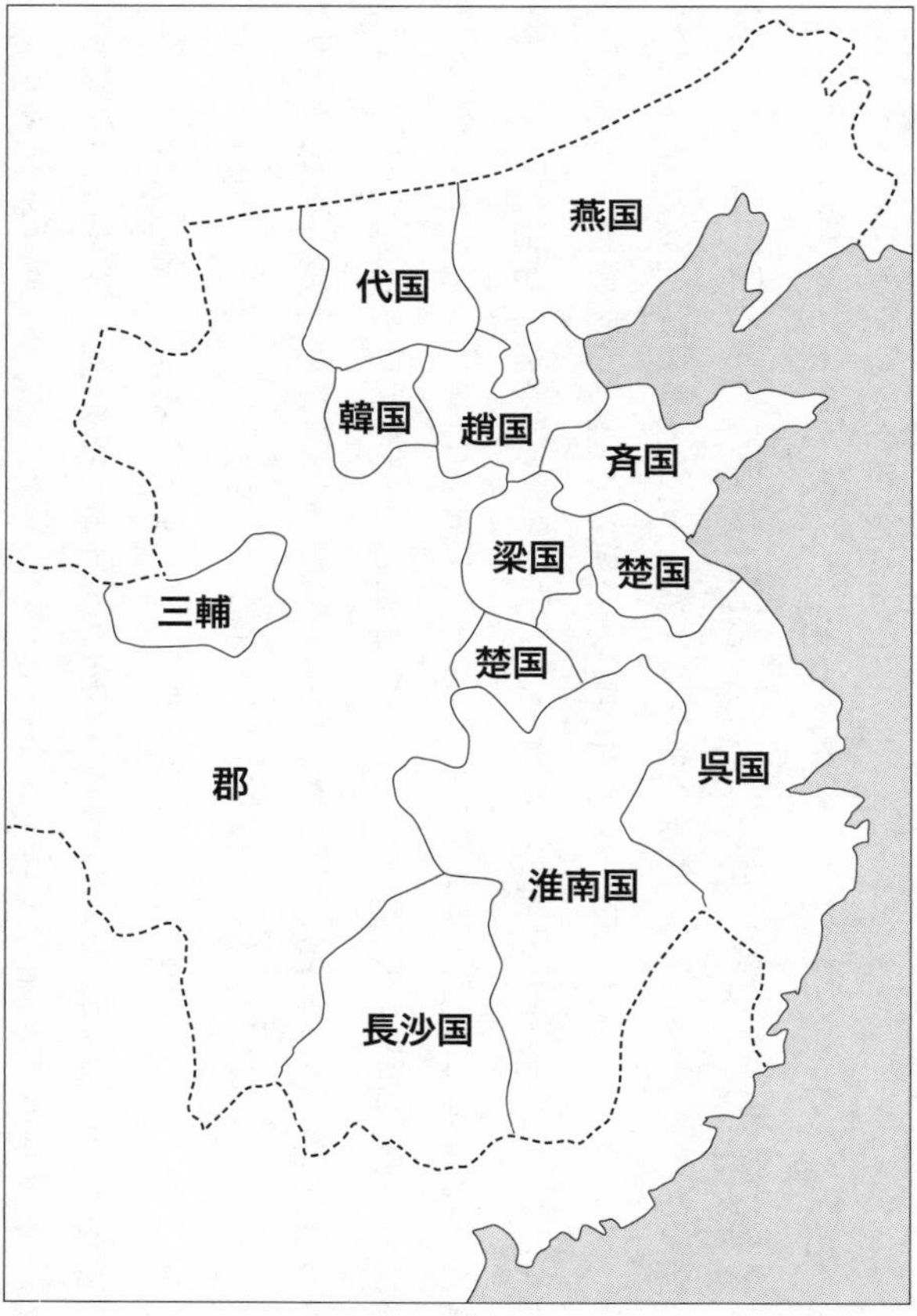

出典：鶴間和幸『中国の歴史３』（講談社）

関中に初めて入ったとき、劉邦は「法は三章のみ」と宣言した。むろん、法三章で帝国は維持できない。劉邦の相国《しょうこく》（総理大臣）となった蕭何《しょうか》は、秦律《しんりつ》を継承して漢の九章律《きゅうしょうりつ》を作成した。劉邦はまた、「古典中国」形成の主体となる儒者が嫌いであった。蕭何に続き相国となった曹参《そうさん》が、儒者に政治の指針を尋ねると人ごとに答えが違っていたため、黄老家《こうろうか》の蓋公《がいこう》を招聘したように、儒学もまた、いまだ国家を正統化できる論理を構築できていなかった。

前漢《ぜんかん》初期の政治理念は、曹参、それを継いで丞相《じょうしょう》（総理大臣、相国より格下）となった陳平《ちんぺい》、そして陳平の仕えた文帝《ぶんてい》（劉邦の子）が尊重した黄老《こうろう》思想である。黄老とは、黄帝《こうてい》と老子《ろうし》のことである。黄帝は中国人の祖とされる伝説上の帝王で、道家《どうか》は黄帝の言葉を借りて自己の主張を説いた。一九七三年に長沙馬王堆《ちょうさまおうたい》から出土した帛書《はくしょ》（絹製の本）には、二種類の『老子』と共に、すでに滅んでいた黄老家の書籍が含まれていた。そこに記された黄老思想は、道家の哲学に基づき法家の政治思想を正統化している。無為《むい》でありながら、法律も尊重する黄老思想により、前漢は戦乱による人々の疲弊や強力な諸侯王の存在という、急激な改革を回避すべき現状を肯定し、国力の回復に努めたのである。

無為を政治方針とした文帝の子である景帝《けいてい》は、国力の充実を背景に諸王の領土削減を始めた。郡国制のもと諸王は、広大な領地を支配して、半ば独立国を形成していた。景帝の諸王抑制策に対して、呉王の劉濞《りゅうび》は前一五四年、六人の王と結んで呉楚七国《ごそしちこく》の乱を起こすが鎮圧された。呉楚七国の乱の後も、郡国制は存続したものの、国には官僚として相（国相）が派遣され、郡守と同様な直轄統治をした。ここに郡国制は、事実上の郡県制へと移行したのである。

武帝の外征と内政

景帝の子である武帝《ぶてい》は、充実した国力を背景に匈奴《きょうど》への反攻を開始する。匈奴を挟み撃ちにするため、かつて匈奴に敗れ西方で勢力を盛り返していた大月氏《だいげつし》に、張騫《ちょうけん》を派遣して同盟を試みた。同盟は成らなかったが、張騫により西域《さいいき》（タリム盆地周辺）の事情が明らかとなった。また、衛青《えいせい》と霍去病《かくきょへい》の活躍により匈奴を破り、敦煌郡《とんこうぐん》など河西四郡《かせいしぐん》を設置し、西域への拠点を確保した。さらに大宛《たいえん》（フェルガナ）に遠征して名馬を獲得、汗血馬《かんけつば》と名づけた。また、南越《なんえつ》を征服して南海《なんかい》九郡《きゅうぐん》を、衛氏朝鮮《えいしちょうせん》を征服して朝鮮四郡《ちょうせんしぐん》を設置し、前漢の最大領土を築きあげた。

しかし、外征に要した莫大な軍事費のため財政は破綻し、桑弘羊《そうこうよう》により均輸法《きんゆほう》、平準法《へいじゅんほう》および塩・鉄の専売政策が採られた。均輸法は、均輸官を郡国におき、特産物を税として徴収して不足地に転売するもので、物資の流通・物価の安定を目指した。平準法は、国家が物資を貯蔵し、物価の高騰時には販売し、低落時には購入する物価安定策で、いずれも財政難打開と共に、物価の安定・商人の抑圧・農民の保護をも目的としていた。

これに対して、塩・鉄の専売は、生活必需品を国家の統制下に置き、貧富の差に関係なく等しく負担を強いる税であった。このうち施行しやすい塩・鉄専売が、経済政策の中心となったことで、郷里《きょうり》社会の貧富の差は拡大する。氏族制の不均等な解体で残っていた有力者や商人は、土地を兼併して豪族《ごうぞく》と呼ばれる大土地所有者となった。こうして漢の社会は、変質していく。

漢と儒教

武帝《ぶてい》の曾孫の宣帝《せんてい》は、武帝期に匈奴討伐に活躍した霍去病《かくきょへい》の異母弟である霍光《かくこう》に擁立された。霍光の死後、専横を振るう霍氏一族を打倒して親政を始めた宣帝は、漢の行く末に危機を感じていた。豪族の大土地所有のため、小農民が没落し郷里社会が変質して、個別人身的支配《こべつじんしんてきしはい》が危機を迎えていたからである。

一方、武帝のとき、儒学の『春秋《しゅんじゅう》』という経書《けいしょ》、とりわけ『春秋公羊伝《くようでん》』（伝は経の注釈）を重んじる公羊学者《くようがくしゃ》の董仲舒《とうちゅうじょ》は、皇帝の支配を正統化する天人相関《てんじんそうかん》説を唱えた。人の身体に大きな関節が十二、小さな関節が三百六十六ヵ所あるのは、一年の月数と日数に対応し、五蔵《ごぞう》が五行に、四肢《しし》が四時《しいじ》に対応する。人が目覚めてまた眠ることは、昼と夜に等しい。すなわち、人の身体は天の全体を備えた小宇宙であり、それゆえ人は天と不可分の関係にある。したがって、人の頂点に君臨する天子（皇帝）が善政に努めれば、天は瑞祥《ずいしょう》を降してそれを褒め、天子が無道であると、天は地震や日食などの災異《さいい》を降して天子を譴責《けんせき》する、としたのである。ここでは天は、天子の支配を正統化する一方で、その悪政を非難する人格神、主宰神とされている。「古典中国」の天の特徴である。

董仲舒の天人相関説は、天子の支配を正統化するが、特定の国家だけを正統化するわけではない。そこで、公羊学派は、漢の支配を正統化する緯書《いしょ》を偽作した。経書の「経」は縦糸、人として生きる道筋という意味である。これに対して、「緯」は横糸、経書を補うための孔子の著作と位置づけたのである。実際には、緯書は孔子に仮託して、漢の正統化のために公羊学派が創作したものである。それにより、衰え始めた漢を支えようとしたのである。

そのため緯書には、孔子は「聖漢」の成立を祝福していた、といった予言を含むものも多かった。こうした予言を讖緯《しんい》と呼ぶ。讖緯思想により、孔子は未来をも見通す「神」に位置づけられ、儒学は儒教へと変容していく。また、緯書の中には、衰退する漢を建て直す手段として、暦数《れきすう》（天命の定められた年数）の尽きた漢の再受命《さいじゅめい》を説くものもあった。最終的には儒教を保護する王莽《おうもう》の即位を正統化する緯書も現れる。宣帝は、衰退する漢の統治に儒教を利用する一方で、こうした儒教の危険性を察知して、それに備えようとした。

そのために、宣帝は、石渠閣会議《せききょかくかいぎ》を行い、公羊学派に対抗して君主権力の強化を説く穀梁学派《こくりょうがくは》を博士に立て、自らの好む法家の主張を儒教に取り入れさせ、儒教を皇帝権力の強化に利用する方向性を確認した。そのうえで、儒教を学び民を慈しむ循吏《じゅんり》を登用し、豪族から農民を保護した。一方で、法家を重視する酷吏《こくり》も重用して豪族を弾圧した。皇太子の劉奭《りゅうせき》（後の元帝《げんてい》）が儒教だけを尊重すると、「漢家（漢帝国）は王道（儒教）と覇道（法家）を共に用いることを旨とする。

儒者だけを用いてはならぬ」と、元帝が儒教に溺《おぼ》れることを戒《いまし》めた。儒教は宣帝期にも、いまだ国家の政治理念として、絶対的な地位を得ていなかったのである。

父の懸念どおり、元帝は儒教に夢中になり、官僚は儒教の経義《けいぎ》に基づき政策を論議した。郡国廟《ぐんこくびょう》（地方で天子の祖先を祀る）で地方官が天子の祖先を祀ってよいのか、あるいは天子の祖先の誰を廟に祀り続けるのかを定める天子七廟制《てんししちびょうせい》をめぐる議論は、異論百出となった。

また、病気がちの元帝のもと、宦官《かんがん》（去勢された男子）の石顕《せきけん》が次第に権力を掌握する。宦官が漢で権力を握ることの始まりである。さらに、王氏が皇后になると、徐々に外戚《がいせき》（皇帝の母方の一族）である王氏の力が強まっていく。ここからやがて王莽《おうもう》が現れ、前漢を滅ぼしていく。

王莽の新

王莽は、元帝の王皇后の弟王曼《おうまん》の子である。王皇后の子成帝《せいてい》が即位すると、皇后の兄弟は外戚として権力を振るった。儒教に精通することで次第に認められた王莽は新都侯《しんとこう》（新という国号の由来）に封建され、大司馬《だいしば》（総理大臣）となる。成帝が崩じて哀帝《あいてい》が即位すると、哀帝の外戚を恐れて官を辞したが、哀帝崩御の後には大司馬に復帰、平帝《へいてい》を擁立し、娘を皇后に立てて専権を握った。

王莽は劉歆《りゅうきん》を腹心に太学《たいがく》（国立大学）を拡張して儒教を振興した。劉歆は、成帝期に始まった宮中の書籍整理を父の劉向《りゅうきょう》と共に主幹し、図書目録の『七略《しちりゃく》』を著し、儒教を頂点とする学問体系を構築した。同時に、『春秋左氏伝《しゅんじゅうさしでん》』『詩経毛伝《しきょうもうでん》』『周礼《しゅらい》』といった古文《こぶん》経典と総称される新しい儒教経典を宮中から発見した、と称した。そして、当時官学であった今文学《きんぶんがく》（従来の経典に基づく儒教）に代わり、君主に有利な古文学を採用すべきとした。やがて王莽が皇帝になると、これら古文経典に基づく政策を展開して「古典中国」の基礎を確立する。

儒教経学の整備と共に王莽は、当時流行の讖緯《しんい》思想を利用し世論を操作する。たとえば、井戸から白い石が現れ、赤い文字で「安漢公《あんかんこう》王莽よ、皇帝となれ」と書いてあった、と報告させるのである。こうした瑞祥を伴う予言書を、緯書のなかでもとくに符命《ふめい》と呼ぶ。王莽は符命を天の意志として自ら仮皇帝となり、さらに様々な瑞祥を利用して、漢を滅ぼし、新《しん》（八～二三年）を建国する。

新は、火徳で赤をシンボルカラーとする漢に代わり、土徳で黄色をシンボルカラーにする。戦国時代に陰陽《いんよう》家の鄒衍《すうえん》が唱えた陰陽五行説（万物は陰陽の交わりで生まれ、五行が転換していくという宇宙論）は、劉歆により五行相生説《ごぎょうそうしょう》（木↓火↓土↓金↓水と万物は移行する）として儒教に取り込まれていた。

王莽による儒教の濫用に、多くの儒者が賛同したのは、王莽が権力掌握過程で儒教を保護し、儒教に基づく国制を完成したことによる。儒教において君主は、天子として天地を祀《まつ》り、皇帝として宗廟《そうびょう》を祀る。天は首都の南の郊外で、地は北の郊外で祀るため、これを「郊祀《こうし》」と呼ぶ。王莽は、正月に南郊《なんこう》で天子が親祭《しんさい》して天を祀り、冬至に南郊で天を祀り夏至に北郊《ほくこう》で地を祀ることは役人に代行させる（有司摂事《ゆうしせつじ》）という、儒教に基づく天地祭祀を確立した。これは中国の古典的国制として二〇世紀まで続けられる。また、宗廟に誰を祀るのかという「天子七《しち》廟《びょう》制」も劉歆の説に基づき王莽が定めた。このように「古典中国」の国制は、多く王莽の構築による。中国史上における王莽の役割は極めて大きい。

王莽支持のもう一つの理由は、社会不安の背景となっていた豪族《ごうぞく》の大土地所有問題解決への期待である。前漢の哀帝《あいてい》は、豪族の所有地と奴婢《ぬひ》の人数を制限する限田策《げんでんさく》を発布したが、実施できなかった。王莽は新を建国すると、『周礼《しゅらい》』に記された周の土地制度に基づき、耕地を王田《おうでん》、奴婢を私属《しぞく》と称して売買を禁止し、所有地を制限する「王田制《おうでんせい》」を発布するなど、新政策を次々と打ち出した。

王莽の政策は、「古典中国」の基本となるもので、儒教経義としては正しい。しかし、国家と社会のあり方をすぐに儒教に合わせることは、当時の現実社会とは衝突する。王田制は、豪族の利益を損ない、大きな反発を受けた。また外交政策でも、儒教の華夷《かい》思想に基づき、匈奴《きょうど》や高句麗《こうくり》の王号を取りあげ、「降奴服于《こうどふくう》」「下句麗侯《げくりこう》」という称号を押しつけ、離反を招いた。こうして赤眉《せきび》の乱を契機として、各地の豪族が蜂起し、新は建国後わずか十五年で滅亡したのである。

後漢――儒教国家

赤眉は、眉毛に赤い染料を塗っていた。赤は、漢の色である。赤眉は、高祖劉邦《こうそりゅうほう》の孫の城陽景王劉章《じょうようけいおうりゅうしょう》を祀っていた。漢への信仰が民の紐帯《ちゅうたい》となって王莽を滅ぼしたのである。赤眉は、漢の復興を掲げた光武帝劉秀《こうぶていりゅうしゅう》に降伏する。

劉秀は、景帝《けいてい》の子長沙定王劉発《ちょうさていおうりゅうはつ》の子孫であるが、劉秀のころには南陽郡《なんようぐん》の豪族となっていた。太学《たいがく》に学んだ劉秀は、『尚書《しょうしょ》』という帝王の言葉を集めた儒教経典を修めた。政治を専門とする学者と言ってよい。南陽郡という南方出身の劉秀であるが、その拠点は河北《かほく》に求めた。劉秀は、赤眉を降伏させた後、隴西《ろうせい》に拠る隗囂《かいごう》を破り、蜀《しょく》の公孫述《こうそんじゅつ》を平定して中国を統一、洛陽《らくよう》を首都に漢を復興した。

劉秀は豪族出身ではあるが、統治の妨げとなる豪族を弾圧し、大土地所有を禁止しようとした。しかし、失敗すると発想を転換し、大土地所有を黙認する代わりに、「孝廉」という儒教を基準とする官僚登用制度で官僚として豪族に支配の一翼を担わせようとした。その時に利用したものが儒教である。儒教はこうして実際の統治に直接関わることになった。また、軍備縮小政策のもと、功臣から軍権を奪って儒教を学ばせた。儒教一尊により価値観を国家に収斂したのである。

劉秀は、讖緯《しんい》思想により皇帝の位に就き（光武帝《こうぶてい》）、即位後は、自らを正統化した緯書《いしょ》を整理させて天下に示した。緯書は、劉秀の即位を正統化すると共に、孔子を神格化する。孔子は「聖漢」の成立を祝福し、その運営のため『春秋』を著した、とされた。儒家は宗教性を帯びた儒教に変質することで、漢の支配を支える唯一の正統思想として尊重された。後漢において、太学に博士が置かれるなど制度的に儒教が尊重され、官僚にも豪族にも儒教が浸透し、国家の正統化理論を備えた儒教が、具体的な統治の場でも用いられる儒教一尊の「儒教国家」が成立したのである。

漢の儒教祭祀の完成者は王莽《おうもう》であった。光武帝は、王莽の経義に従うべきではないが、建国の草創期に新たな制度を定める時間はなかった。ようやく第三代章《しょう》帝《てい》のとき、宮中の白虎観《びゃくこかん》に儒者を集め、後漢の儒教経義を定めた。白虎観会議は、王莽の祭祀方法を「元始《げんし》の故事《こじ》」と呼んで採用したが、それはあくまで、漢の平《へい》帝《てい》の元始年間に定められたものと位置づけられた。

また、白虎観会議は、王莽のときに出現した古文学《こぶんがく》の長所を取り入れた。たとえば、今文《きんぶん》の『春秋公羊伝《しゅんじゅうくようでん》』より出現が遅れた古文の『春秋左氏伝《しゅんじゅうさしでん》』は、君主権力を強化する方向で『春秋』が解釈されている。だが、光武帝は公羊伝を含む今文学を官学とした。そこで、今文・古文の学者を集め経義を議論して、古文学の長所を今文学に取り込ませることで、後漢「儒教国家」の経義を定めた。

図三　中国の古典的国制

事項	提案者	提案年次	復活・確定年次
①洛陽遷都	翼奉	初元三(前四六)年	光武・建武元(二五)年
②畿内制度	翼奉	初元三(前四六)年	王莽・始建国四(一二)年
③三公の設置	何武	綏和元(前八)年	哀帝・元寿二(前一)年
④十二州牧の設置	何武	綏和元(前八)年	光武・建武一八(四二)年
⑤南北郊祀	匡衡	建始元(前三二)年	平帝・元始五(五)年
⑥迎気(五郊)	王莽	元始五(五)年	平帝・元始五(五)年
⑦七廟の合祀	貢禹	永光四(前四〇)年	平帝・元始五(五)年
⑧官稷(社稷)	王莽	元始三(三)年	平帝・元始三(三)年
⑨辟雍(明堂・霊台)	劉向	綏和元(前八)年	平帝・元始四(四)年
⑩学官	王莽	元始三(三)年	平帝・元始三(三)年
⑪二王の後	匡衡・梅福	成帝期	成帝・綏和元(前八)年
⑫孔子の子孫			平帝・元始元(一)年
⑬楽制改革	平当	成帝期	明帝・永平三(六〇)年
⑭天下の号(国家名)	王莽		王莽・居摂三(八)年

出典：渡辺信一郎『中国古代の王権と天下秩序』(校倉書房)を元に作成

こうして後漢の章帝期には、前漢から王莽期に形成された古典的国制は儒教経義の裏付けを得て、また後漢としての儒教経義も定まった。ここに、中国における儒教の国教化と「古典中国」の形成を求めることができるのである。

後漢の衰退と群雄割拠

豪族を利用する後漢の統治は、第四代和帝《わてい》のころから機能が低下する。外戚《がいせき》と宦官《かんがん》が政治に関与したからである。和帝以降、幼帝の即位が続き、外戚が政権を握るが、成長した皇帝が外戚から政権を取り戻す時、活躍したのが宦官である。皇帝は共に育った宦官に親近感を持ち、宦官も皇帝へ絶対の忠誠心を持つ。このため、皇帝は外戚の打倒時に宦官を最も頼りにした。こうして後漢では、和帝期以降、外戚と宦官が交互に政権を担当した。

むろん、すべての外戚が悪ではなく、宦官にも製紙法の改良者として有名な蔡《さい》倫《りん》のように国政の私物化に無縁の者もいた。しかし、外戚と宦官には、地方官に圧力をかけ、豪族を取り込む後漢の支配を蝕《むしば》む者が多かった。豪族出身で儒教を修めた官僚は、外戚や宦官の与政に抵抗したが、皇帝の信任厚い宦官が常に勝利を収めた。最終的に宦官は、儒教官僚を党人《とうじん》として国家から排除する党錮《とうこ》の禁《きん》を起こす。後漢から排除された党人は、宦官への批判から、宦官を放置する皇帝や、後漢という国家そのものを批判していく。そうしたなかで、党人の人物鑑定が支持された。そこから名声を存立基盤とする「名士《めいし》」が出現する。

人物評価の中心は、郭泰《かくたい》と許劭《きょしょう》であった。郭泰は、全国を巡り人物を評価したが、その車には人物評価を求める豪族の名刺が山と積まれた。許劭は若き日の曹《そう》操《そう》を「治世の能臣、乱世の姦雄《かんゆう》」と評価している。曹操は許劭の人物評価により、名士の仲間社会に入り、荀彧《じゅんいく》や袁紹《えんしょう》と出会っていく。

一方、病気を治して信仰を集める宗教結社の太平道《たいへいどう》を率いた張角《ちょうかく》は、漢の天下は終わり、中黄太乙《ちゅうこうたいいつ》の天下が始まることを説いて、一八四年黄巾《こうきん》の乱を起こした。

後漢は、党錮の禁を解除し、儒教官僚の支持を取り戻す一方で、盧植《ろしょく》・皇甫嵩《こうほすう》・朱儁《しゅしゅん》を派遣して黄巾を討伐した。たまたま張角が病死し、乱そのものは平定されたが、実質的には後漢の支配は崩壊し、「三国志」の時代が始まる。

小説の『三国志演義《さんごくしえんぎ》』では、英雄・豪傑が活躍する三国時代の支配者層は、名声を存立基盤とする名士である。名士の前身である豪族の支配力は出身地にしか及ばないが、名士になれば、たとえば諸葛亮《しょかつりょう》が郷里から離れた襄陽《じょうよう》で豪族層に支持されたように活躍の場が広がる。そうした躍進を目論み、豪族は名士を支持した。名士は、かれらの仲間社会で情報を握り、状況を分析した。そのため、三国随一の兵法家である曹操でさえ、名士の協力が必要であった。

黄巾の乱の後、後漢を掌握した董卓《とうたく》は、名士を次々と登用した。しかし名士は、残虐な董卓に仕えて名声の落ちることを嫌い、董卓に協力しなかった。「四世三《しせいさん》公《こう》」(四世代にわたり三公〈太尉《たいい》・司徒《しと》・司空《しくう》という宰相〉を輩出)と称された名門の出身袁紹を中心に反董卓連盟が結成されると、董卓は、軍事拠点の長安《ちょうあん》へと遷都し、洛陽は灰塵《かいじん》に帰した。やがて後漢の司徒の王允《おういん》が、董卓の軍事的切り札の呂布《りょふ》を裏切らせ、董卓を殺害させた。袁紹は、多くの名士を幕下に集め、後漢末最強の群雄となった。しかし、官渡《かんと》の戦いで曹操に敗退する。

三国鼎立

曹操が官渡の戦いで袁紹を破り、華北を統一できた理由は、荀彧を中心とする名士が、集団の正統性を支える漢の献帝《けんてい》の擁立、経済的基盤となる屯田制《とんでんせい》の施行、地域支配の安定などに努めたためである。そして、曹操自らも、『孫子《そんし》』に注をつけた三国随一の兵法家として将兵を統御し、統一的な戦略に基づいて戦いを進めた。曹操の軍事的基盤は、青州兵《せいしゅうへい》であった。

袁紹と戦う前、曹操が最初に得た拠点は兗州《えんしゅう》である。しかしそれは、青州の黄巾により、兗州刺史《えんしゅうしし》が殺されたため得た州であった。したがって、すぐに青州黄巾との死闘が始まった。曹操は、謀臣の鮑信《ほうしん》を失うなど大損害を受けながらも、黄巾を追いつめ、三十万人を降伏させた。このなかから、精鋭を集めて組織したものが、青州兵である。こののち、呂布との戦いの際に、青州兵が崩され曹操が大敗したように、青州兵は軍の中核となった。しかし、青州兵には、友軍を略奪し、曹操の子、曹丕《そうひ》の命令を聞かず故郷に帰るなど、勝手な振る舞いも目立つ。降伏の前に黄巾は、「むかし君は邪神の廟《びょう》を破壊したと聞いている。そのやり方はわれわれと同じだ。漢の命運は尽き、黄色い王朝が出現する天運は、君の才力でも変えられない」という手紙を曹操に出している。青州黄巾は、宗教や集団の維持といった条件を出して、曹操に帰順したのであろう。曹操はそれを受け入れて、自らの軍事基盤を確立した。曹操の革新性がよく分かる。

二〇〇年の官渡の戦いで袁紹を破り、華北を統一した曹操は、二〇八年の赤壁《せきへき》の戦いで孫権《そんけん》に敗れ、中国の統一を成し得なかった。曹操を破った孫呉《そんご》政権の基礎は、孫権の父孫堅《そんけん》が築いたものである。董卓を陽人《ようじん》の戦いで破って台頭した孫堅は、荒れ果てた漢の陵墓を修復するなど漢への忠義を尽くした。父の遺した譜代の臣下と「漢室匡輔《かんしつきょうほ》」（漢を助ける）という正統性を受け継いだ孫権の兄の孫《そん》策《さく》は、揚州《ようしゅう》随一の名士周瑜《しゅうゆ》の助けを得て、江東《こうとう》に拠点を築く。しかし、「呉の四姓」と呼ばれる呉郡《ごぐん》の有力豪族の筆頭である陸康《りくこう》一族を族滅したため、その支配は不安定であり、孫策は刺客に暗殺される。兄を継いだ孫権は、周瑜と北来の名士張昭《ちょうしょう》の補佐を得て、魯粛《ろしゅく》など名士の登用に努める一方、孫策の娘を陸康の甥である陸遜《りくそん》に娶《めと》らせて、呉の四姓と和解した。

それでも曹操が南下すると、孫権を支えていた張昭は、曹操への降伏を主張した。また、孫氏に恨みを抱く呉の四姓は、積極的に戦おうとはしなかった。そうしたなか、兄孫策との友情を弟に及ぼし、孫権を支えて主戦論を説き、自ら軍を率いて赤壁で曹操を破ったものが周瑜である。この一戦により、孫権の君主権力は確立し、孫呉政権樹立の基礎が定まった。しかし、直後に周瑜は病死する。続いて魯粛・呂蒙《りょもう》なども病死すると、あとに残った名士は、降伏を主張した張昭である。孫権は、強引に君主権力を強化し、孫呉の安定性は失われる。

蜀漢《しょくかん》（季漢）を建国した劉備《りゅうび》は、勢力拡張に出遅れた。太尉《たいい》を父に持つ曹操《そうそう》、江東《こうとう》の豪族《ごうぞく》出身の孫氏に比べて、劉備は漢の一族と称するものの、靴を売り草鞋《わらじ》をあんで暮らしていた貧しい家の出身だからである。そうした劉備を支えた者が、関羽《かんう》・張飛《ちょうひ》や趙雲《ちょううん》であった。かれらは、劉備と兄弟のような関係を結び、一族の代わりに集団の中核を形成した。これにより劉備は、傭兵として様々な群雄の間を渡り歩けた。しかし、名士が社会階層の異なる劉備集団に止まず、根拠地を保持できなかった劉備は、荊州《けいしゅう》の劉表《りゅうひょう》を頼ることになる。

後漢末に例外的に平和を維持していた荊州には、多くの名士が集まり、荊州学《けいしゅうがく》といわれる儒教の学派が形成されていた。劉備は、荊州学を修めていた諸葛亮《しょかつりょう》に三顧《さんこ》の礼《れい》を尽くし、名士を中心とする集団に変容したことを見せた。曹操の南下に対して、諸葛亮は孫呉《そんご》との同盟を主張し、使者となり孫権を説得する。説得に応じた孫権は、劉備のもとへ周瑜を派遣した。しかし、劉備は周瑜の知略を信頼せず、赤壁の戦いの際には陣地を遠ざけていた。ところが、赤壁の後、劉備は荊州南部を領有する。諸葛亮の政治能力が発揮された結果である。ここを拠点に劉備は、益州《えきしゅう》の劉璋《りゅうしょう》をも滅ぼし、蜀漢政権を樹立し、諸葛亮が説く中国統一への第一段階である天下三分を実現したのである（図四）。

一方、赤壁の戦いに敗れた曹操は、中国統一よりも漢を滅ぼすことを優先する。これに対して、漢を正統化する儒教を価値観の中核に置く名士、なかでも献帝擁立を曹操に勧めた荀彧は、激しく反発した。曹操は、荀彧を自殺に追い込む一方で、漢を正統化する儒教に打撃を与えるため、文学という新たな文化を宣揚して、儒教の価値を相対化しようとした。漢代までの文学は、政治や道徳に従属し、文学者は卑しい俳優と同列の扱いを受けていた。これに対して、曹魏を建国する曹丕は『典論《てんろん》』を著し、その論文篇《ろんぶんへん》に、「文章を書くことは国を治めるうえで重大な仕事で、朽ちることのない偉大な営みである」と述べ、これまでの文学観を覆す高い評価を文学活動に与えた。こうして曹操・曹丕の保護のもと発達した建安《けんあん》

図四　三国時代

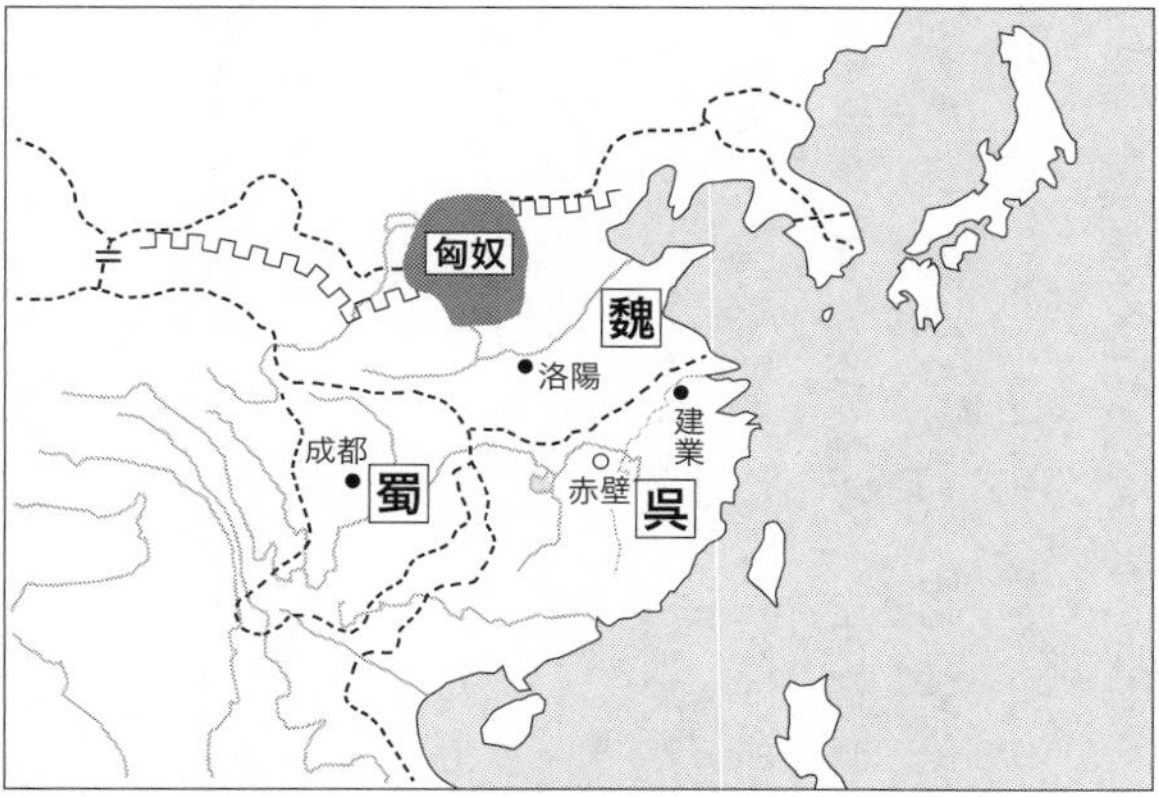

出典：『資料中国史ー前近代編ー』（白帝社）

文学《ぶんがく》は、詩の形式としては、五言詩《ごごんし》に対偶《たいぐう》や押韻《おういん》などの工夫をこらし、『詩経《しきょう》』以来の四言詩《しごんし》とは異なる表現法を開花させ、文学の叙情化を進めた。その結果、儒教一尊は崩れ、中国文学が本格的に開始されたのである。

曹魏を建国した曹丕は、新たに作り上げた国家を安定させるため、名士との和解を望んだ。名士層を代表する荀彧の娘婿の陳羣《ちんぐん》は、九品中正《きゅうひんちゅうせい》制度《せいど》という官僚登用制度を献策する。九品中正制度は、就官を希望する者の名声などを中正官《ちゅうせいかん》が判断し、一品（やがて二品）から九品の郷品《きょうひん》を与え、それに基づき四品下の官品《かんひん》から官僚となりはじめ、最終的に郷品と同品に就き得る制度である。陳羣は、荀彧から始まる名士と君主権との対峙《たいじ》関係を九品中正制度により調停すると共に、西晋《せいしん》に成立する貴族制の基礎を築いたのである。

「儒教国家」の再編

司馬炎《しばえん》が建国した西晋は、二八〇年に孫呉《そんご》を滅ぼして中国を統一する。司馬炎は、祖父の司馬懿《しばい》以来、儒教一尊を崩した曹氏に対抗して、儒教を尊重していたことを継承し、「儒教国家」を再建した。後漢「儒教国家」に比べて、西晋「儒教国家」は、国家の政策に儒教経典の典拠を持つことに特徴がある。「古典中国」の三大政策である「井田《せいでん》」（身分別の土地均等所有）としては占田《せんでん》・課田《かでん》制、「学校」（価値基準を国家のもとに収斂）としては太学《たいがく》（庶民が通学）に加え国子学《こくしがく》

（貴族が通学）を建て、「封建《ほうけん》」（郡県に対峙される政治制度）としては、諸王の封建ほか、自分に近しい臣下に五等爵《ごとうしゃく》を封建した。これが、九品中正制度、正確には州大中正《しゅうだいちゅうせい》の制と結合して、貴族制《きぞくせい》を形成する。

曹魏の九品中正制度は、郡の中正官が名士の名声を基準に郷品を定めた。だが西晋は、郡の上の州に大中正を置く州大中正の制により、本人の爵位や親の官職を名声よりも優先した。とりわけ、蜀漢《しょくかん》を滅ぼした司馬昭《しばしょう》が、その論功行賞として、自らとの近接性に基づいて封建した公《こう》・侯《こう》・伯《はく》・子《し》・男《だん》の五等爵を持てば、二品の郷品を与えられるため、爵位を世襲する貴族が代々高官に就く、国家的身分制としての貴族制が成立した。両晋南北朝期を象徴する政治体制である貴族制も「古典中国」の三大政策である「封建」から生まれたのである。

もちろん、儒教が国家支配の軛《くびき》となる場合もあった。司馬炎の嫡長子《ちゃくちょうし》である司《し》馬衷《ばちゅう》（恵帝《けいてい》）は、暗愚で皇帝の任に耐えられないことは明らかであったが、司馬炎は、儒教が定める嫡長子相続制を曲げられなかった。また、非漢民族を夷狄《いてき》として中華に臣従させようとする華夷《かい》思想に基づく差別も、五胡《ごこ》の自立を促した。結局、恵帝の暗愚から八王《はちおう》の乱が起こり、それが五胡（匈奴《きょうど》・羯《けつ》・鮮卑《せんぴ》・氐《てい》・羌《きょう》）の自立を誘った。南匈奴の劉淵《りゅうえん》は、漢（前趙《ぜんちょう》）を建国し、その子の劉聡《りゅうそう》は西晋の都洛陽《らくよう》を占拠する（永嘉《えいか》の乱）。これにより西晋は滅亡し、華北《かほく》は分裂的な五胡十六国《ごこじゅうろくこく》時代となった。

一方、江南《こうなん》に逃れた東晋《とうしん》は、建国者の司馬睿《しばえい》を「琅邪《ろうや》の王氏」「陳郡《ちんぐん》の謝氏」などの北来の貴族が輔佐した。北来貴族は皇帝と密着し、また存立基盤として文化の占有による名声を持っていたため、大土地を所有する江南の豪族よりも高位に就いて、貴族制を継続した。江南の豪族は、東晋の統治に協力したが、北来の貴族からは寒門《かんもん》（家柄の低い貴族）視されていく。

第三章

古典中国の完成（南北朝、隋唐）

胡漢融合と「古典中国」

三国時代から始まる魏晋南北朝《ぎしんなんぼくちょう》は、秦《しん》が中国を統一して以来、最大の分裂期である。逆に言えば、中国は、分裂したローマ帝国が二度と復興しなかった西欧のように分裂が恒久化することはなく、隋唐《ずいとう》帝国以来、再び統一国家として継続していく。「古典中国」の統治制度の原則である「大一統《だいいっとう》」が模索され続けた結果である、と考えてよい（図一）。

したがって、この時代には、分裂へと誘《いざな》う力と統一を希求する規範とが対峙を続けた。分裂への推進力は、五胡《ごこ》と総称される非漢民族の中国への進入と、皇帝をも凌《しの》ぐ権威を持つこともあった貴族の存在である。他方、統一への推進力もまた、鮮卑《せんぴ》という胡族のエネルギーと貴族が維持していた「古典中国」を規範とする意識であった。五八九年、魏晋南北朝の分裂に終止符を打ったのは、北朝の最後となった隋を建国した楊堅《ようけん》である。隋の楊氏と唐の李氏は、鮮卑族と漢族とが

図一　魏晋南北朝の王朝交替表

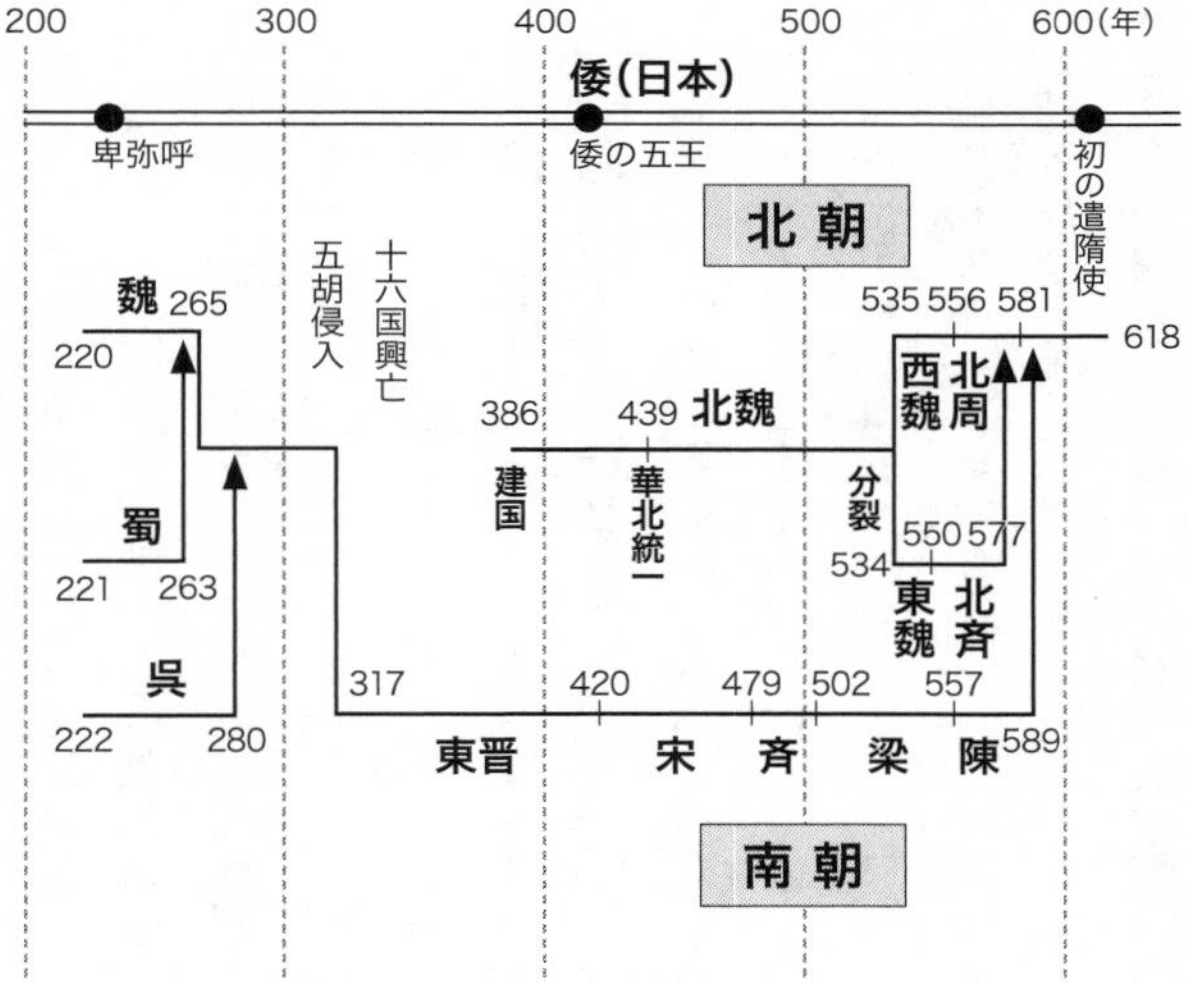

出典：『詳説世界史 B』（山川出版社）

婚姻で結びついた「関隴集団《かんろう》」の出身である。すなわち、胡族の武力と漢族の文化とを融合した「胡漢融合」勢力が、隋唐帝国の母体であった。

五胡の中で、唯一、鮮卑族の北魏《ほくぎ》は、部族制の解体に成功し、権力を君主個人に集中し、四三九年、太武帝《たいぶてい》が華北を統一した。北魏は、孝文帝《こうぶんてい》から始まる「漢《かん》化《か》政策」により、「胡漢融合」を推進し、「古典中国」を規範とする国制改革に努めた。大きな社会構造の変革は、北魏を分裂させる。それでも、分裂を克服した隋は、「古典中国」を規範とすることで充実した国力で中国を統一する。

隋は、大運河の建設と突厥《とっけつ》との戦いに疲弊し、唐に代わられる。隋が築きあげた「古典中国」を規範とする「律令体制《りつりょうたいせい》」は、唐へと受け継がれた。

唐の太宗李世民《たいそうりせいみん》の治世に、「古典中国」は完成し、国内統治のための「律令体制」と国際体制である「冊封体制《さくほうたいせい》」は、中国の基本形として、長く受け継がれていく。それと共に、漢字・律令・仏教という諸文化、および「古典中国」の制度と社会を共有の規範とする「東アジア文化圏」が形成される。しかし、安史の乱を契機とする社会の構造的な変革は、中国に新たな規範を求めていく。

南朝の貴族制

東晋《とうしん》を建国した司馬睿《しばえい》は、八王《はちおう》の乱で権力を握った司馬越《しばえつ》の命で、安東《あんとう》将軍・都督揚州諸軍事《ととくようしゅうしょぐんじ》(揚州の軍政支配者)として、貴族の王導《おうどう》と共に江南に赴任した。三一七年、西晋が滅びると、司馬睿(元帝《げんてい》)は、建康《けんこう》を都に晋を再興する。元帝は、王導に政治、その従兄の王敦《おうとん》に軍事を委ねた。後に王敦の勢力が伸長すると、元帝は王敦と王導を政権の中枢から遠ざけ、王敦は反乱を起こす。元帝は和解したが、子の明帝《めいてい》の時、再び乱を起こした王敦は病死する。明帝が急死して即位した成帝《せいてい》の時には、外戚庾亮《ゆりょう》への不満から蘇峻《そしゅん》の乱が起きた。乱の平定後、王導が再び輔政するが、その死後、西府《せいふ》軍(荊州の軍)を統括する桓温《かんおん》が台頭した。桓温は、北伐し洛陽《らくよう》を落として権力を確立、流民を戸籍に付ける土断《どだん》を実施し、

「古典中国」の復興を目指した。しかし、第三次北伐で前燕《ぜんえん》の慕容垂《ぼようすい》に大敗、専権化して禅譲を目指したが、「王・謝」と並称される貴族の謝安《しゃあん》に阻止される。謝安は、三八三年、甥の謝玄《しゃげん》と劉牢之《りゅうろうし》たちに、華北を一時的に統一した前秦《ぜんしん》の苻《ふ》堅《けん》を淝水《ひすい》の戦いで撃破させた。このように、東晋では、貴族が軍事力を掌握し、軍功により爵位を賜与されて、その地位を維持していく。

謝安の死後、皇弟の司馬道子《しばどうし》が実権を握ったが、兄の孝武帝《こうぶてい》と共に国家を私物化する。高まる社会不安に、五斗米道《ごとべいどう》を信仰する孫恩《そんおん》の乱が起きるが、北府軍《ほくふぐん》(揚州の軍)を率いる劉牢之と劉裕《りゅうゆう》により鎮圧された。この乱を機に、西府軍を握る桓玄《かんげん》(桓温の子)が挙兵し、自ら皇帝に即位した。桓玄が劉牢之を殺すと、劉裕は挙兵して桓玄を打倒する。四二〇年、劉裕は、禅譲を受けて宋《そう》(劉宋《りゅうそう》)を建国し、陳まで続く南朝を始めた。華北では四三九年には、北魏《ほくぎ》が五胡十六国を統一するので、これ以後を南北朝《なんぼくちょう》時代と称する。

劉宋は、北府・西府軍を皇帝と皇太子が掌握したため、新たな貴族は台頭しなかった。それでも文帝《ぶんてい》の時には、貴族の王華《おうか》・殷景仁《いんけいじん》らを重用し、「元嘉《げんか》の治」と呼ばれる安定した治世を実現した。だが、北魏の太武帝《たいぶてい》の侵攻を受け国力は衰退し、文帝も皇太子の謀反で殺害される。皇族の内紛が続く中、北魏との戦いで活躍した蕭道成《しょうどうせい》は、四七九年、宋を滅ぼして斉《せい》（南斉《なんせい》）を建国した。しかし、斉も皇族の内紛で衰退し、五〇二年、蕭衍《しょうえん》（武帝《ぶてい》）により梁《りょう》が建国される。

梁の武帝は、貴族の子弟が入学する国子学《こくしがく》以外に五館を置き「学校」を整備し、梁律の制定など「古典中国」を規範とする「天監《てんかん》の改革」を断行した。儒教の賢才主義に基づき九品中正制度《きゅうひんちゅうせいせいど》を改革し、寒門《かんもん》（豪族出身）・寒人《かんじん》（庶民出身）を取り込むことで貴族制を再編し、南朝の全盛期を現出したのである。

しかし、治世の後半には、捨身《しゃしん》を典型とする過度の仏教保護と経済政策の失敗により、社会不安が深刻化した。東魏の降将侯景《こうけい》が乱を起こすと、武帝は幽閉されて崩御する。侯景を破った王僧弁《おうそうべん》と陳覇先《ちんはせん》はやがて対立し、王僧弁を倒した陳覇先が、五五七年に陳を建国した。だが、陳の領域は、梁の半分にも満たず、やがて隋に征服される。南朝の貴族制は、東晋では西晋時の五等爵に基づく国家的身分制を維持したが、劉宋では軍事力と切り離される。梁の武帝の改革を経て、貴族は、本来的な存立基盤である文化の専有にその拠り所を移していく。

六朝文化

貴族の本来的な存立基盤である文化は、儒教を基底に置きながらも、様々な文化に価値が見出された。三国の孫呉《そんご》から数えて六つの国家が、現在の南京《なんきん》（建《けん》鄴《ぎょう》・建康《けんこう》）に都を置き、そこが文化の中心となったため、六朝《りくちょう》文化と呼ぶ。

曹魏《そうぎ》の基礎を築いた曹操《そうそう》は、漢を神聖視する儒教を相対化するため、新たな文化的価値として文学を宣揚した。曹魏を建国した子の曹丕《そうひ》は『典論《てんろん》』を著し、文学の価値を確認した。曹操・曹丕に、文学的才能では父と兄を凌駕する曹植《そうち》を加えた「三曹」を中心に成立した建安文学《けんあんぶんがく》は、五言《ごごん》詩を確立して叙情を表現する。

これを南朝が継承することで、文学は貴族に必須の文化的価値へと発展した。

中国では古来、君主の言動を記録する左史《さし》・右史《ゆうし》などの史官《しかん》が置かれていた。『史記《しき》』を著した司馬遷《しばせん》が就いた太史令《たいしれい》も、史官の一つである。だが、司馬遷の『史記』は、本来の書名を『太史公書《たいしこうしょ》』といい、儒教の春秋学《しゅんじゅうがく》に分類される思想書であった。史学も文学と同様、儒教に従属していたのである。儒教一尊の漢崩壊を機に、史学は儒教より自立を始め、陳寿《ちんじゅ》の『三国志《さんごくし》』に注をつけた裴松之《はいしょうし》により、史料批判という史学独自の方法論も生み出された。やがて、四部《しぶ》分類と呼ばれる図書整理法、すなわち文化の分類法において、経《けい》（儒教）・史《し》・子《し》（哲学）・集《しゅう》（文学）と順序づけられていくように、史書（正史）が国家の正統性を担うことで、史学は儒教に次ぐ地位を占めていく。

また、阮籍《げんせき》や嵇康《けいこう》は、『老子《ろうし》』・『荘子《そうし》』・『周易《しゅうえき》』の「三玄」を尊重する玄学《げんがく》を拠り所に司馬氏に抵抗した。司馬氏が曹魏簒奪の際に、儒教を悪用したためである。玄学は、諸子百家の道家思想を儒教の枠内に再編したものであるが、権力に抵抗した阮籍たちは、後世「竹林の七賢」と称えられていく。

仏教は、後漢の時には伝来していたが、その普及は儒教の価値が相対化された西晋末期以降である。初期の仏教は、老荘思想に媒介された格義《かくぎ》仏教であった。西晋末の竺法雅《じくほうが》は、老荘の「無」により、般若経典《はんにゃきょうてん》の「空」の思想を説明して、格義仏教の端緒を開いた。やがて格義仏教は批判され、東晋の法顕《ほっけん》は、インドから仏典を持ち帰り『仏国記《ぶっこくき》』を著した。慧遠《えおん》は、仏法は世俗の権力に従属しないと『沙門不敬王者論《しゃもんふけいおうじゃろん》』を著したが、梁の武帝は仏法を権力の基本に置いた。

道教は、福（子宝）禄（お金）寿（長生）という現世利益を求める民俗宗教で、その起源は後漢末に黄巾《こうきん》の乱を起こした張角《ちょうかく》の太平道《たいへいどう》と、漢中《かんちゅう》に宗教王国を創った張魯《ちょうろ》の五斗米道《ごとべいどう》に求められる。仏教の影響を受けた道教は、教義と教団を整え、寇謙之《こうけんし》の新天師道《しんてんしどう》は、北魏《ほくぎ》の太武帝《たいぶてい》により国教化されるに至る。

それでは、北魏で道教、隋《ずい》で仏教を国教化していく北朝の歴史を見ていこう。

北朝と三教

匈奴《きょうど》の劉聡《りゅうそう》が、西晋の都洛陽《らくよう》を占領すると（永嘉《えいか》の乱）、華北《かほく》は五胡《ごこ》（匈奴・羯《けつ》・鮮卑《せんぴ》・氐《てい》・羌《きょう》）と漢族が二十を超える国々を建てた。これを崔鴻《さいこう》の史書『十《じゅう》六国春秋《ろくこくしゅんじゅう》』に基づき、五胡十六国時代と呼ぶ（図二）。五胡の諸国家は、西晋が宗室《そうしつ》を王に封建し、方面軍司令官として出鎮させたことに倣《なら》い、宗室に軍事を委ねる軍事的封建制を採用していた。「古典中国」の「封建」の継承である。

華北を一時的に統一した氐《てい》族の苻堅《ふけん》は、宗室を出鎮させる一方で、中央軍への宗室の影響力を抑え、君主権力の確立を図った。そのために、漢人の王猛《おうもう》に内政を委ねる。王猛は儒教を根幹に置き「古典中国」を規範として、富国強兵を達成した。しかし、王猛の死後、南下した苻堅は淝水《ひすい》の戦いに敗れ、五胡十六国の統一は、鮮卑《せんぴ》族の拓跋《たくばつ》氏が担うことになる。

北魏の建国者である拓跋珪《たくばつけい》（道武帝《どうぶてい》）は、部族民による合議を廃して部族制の

図二　五胡十六国の興亡

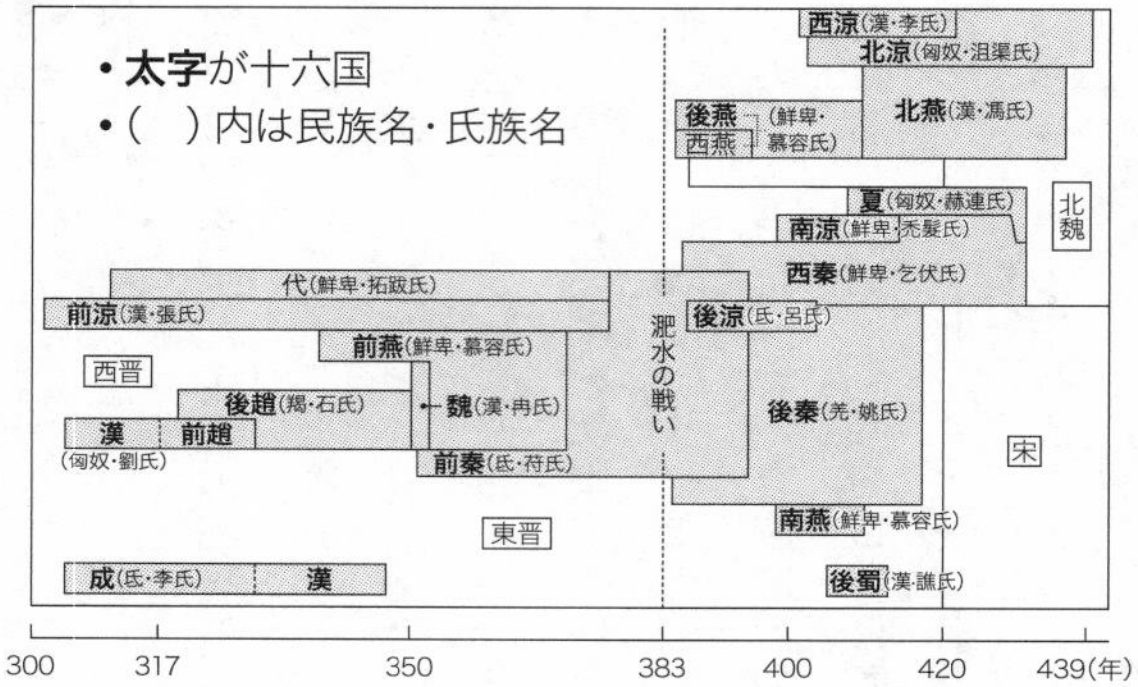

出典：『資料中国史―前近代編―』（白帝社）

解体を目指し、また「古典中国」を規範に内政を整えた。その一方で、多民族統一の手段として仏教を厚遇する。同じ時期、亀茲《きじ》（クチャ）出身の鳩摩羅什《くまらじゅう》（クマラジーヴァ）は、般若《はんにゃ》・法華《ほっけ》・維摩《ゆいま》などの経典《きょうてん》、竜樹《りゅうじゅ》の『中論《ちゅうろん》』などを翻訳して、中国仏教の基礎を定めていた。雲崗《うんこう》石窟には、道武帝の像が仏として刻まれるように、北朝では、仏と皇帝を同一視して、造寺造像が行われた。

第三代の太武帝《たいぶてい》は、四三九年に華北を統一し、寇謙之《こうけんし》が始めた新天師道《しんてんしどう》という道教を国教とし、寺社が大土地を所有する仏教を弾圧した。寇謙之は太上老君《たいじょうろうくん》（神格化された老子）から天師の位を授けられ、太平真君《たいへいしんくん》（真君は聖人。太武帝のこと）を輔《たす》けて、道教を宣布せよと命じられたという。寇謙之は、漢人の崔浩《さいこう》と協力して勢力を拡大し、太武帝は、元号を太平真君と改め、道壇に登って符籙《ふろく》（道士としての免状）を受け、道教は国教化された。寇謙之が仏教を摂取しながら、儒教の礼法で教法を飾ったことが、国教化に成功した理由である。

名門貴族「清河《せいが》の崔氏」の出身である崔浩は、経学と史学に明るく、「古典中国」を規範に国制を整備した。だが、国書編纂の際、鮮卑の先祖の蛮風を直書したこと、南朝に倣った貴族制を目指したことなどを理由に、やがて誅殺される。

それでも、北魏の「古典中国」の規範視は止まらなかった。第六代の孝文帝《こうぶんてい》の母として政治に当たった馮太后《ふうたいこう》（文明《ぶんめい》皇后）は、母が漢人であり、「古典中国」を規範に、同姓不婚《どうせいふこん》・官吏の俸禄《ほうろく》制のほか、「井田《せいでん》」の理想を継承する均田制《きんでんせい》・税制の租調《そちょう》役制・民を管理する三長制《さんちょうせい》などを制定した。親政を開始した孝文帝も洛陽《らくよう》に遷都し、鮮卑の姓・鮮卑語を禁止する漢化《かんか》政策を推進し、また姓族分定《せいぞくぶんてい》により「清河の崔氏」など漢族の貴族と「元《げん》」氏（拓跋を改姓）を頂点とする胡族の家格を定めた。孝文帝は、胡漢《こかん》を融合した国家的身分制としての貴族制を確立し、胡漢の別を超えた国家の建設を目指したのである。

その際、孝文帝は、たとえば『春秋左氏伝《しゅんじゅうさしでん》』の三年喪への杜預《どよ》の解釈を批判したように、「古典中国」を理解し、主体的にそれを規範とした。孝文帝にとって漢化とは、受動的に漢民族に同化されるものではなかった。しかし、胡漢が融合して「古典中国」を規範としようとする孝文帝の理想は、モンゴル高原の柔然《じゅうぜん》に備えて、北方の六鎮《りくちん》を守る鎮民の胡族には理解されなかった。孝文帝が死去すると、鎮民に推された六鎮は反乱を起こし（図三）、北魏は東西に分裂する。高歓《こうかん》と宇文泰《うぶんたい》が、北魏の宗室を天子に推戴して、東魏《とうぎ》と西魏《せいぎ》を樹立したのである。やがて東魏と西魏は簒奪され、北斉《ほくせい》・北周《ほくしゅう》へと移り変わる。東魏―北斉と西魏―北周は交戦を繰り返したが、北周の武帝《ぶてい》が最終的に華北を統一する。

図三　六鎮

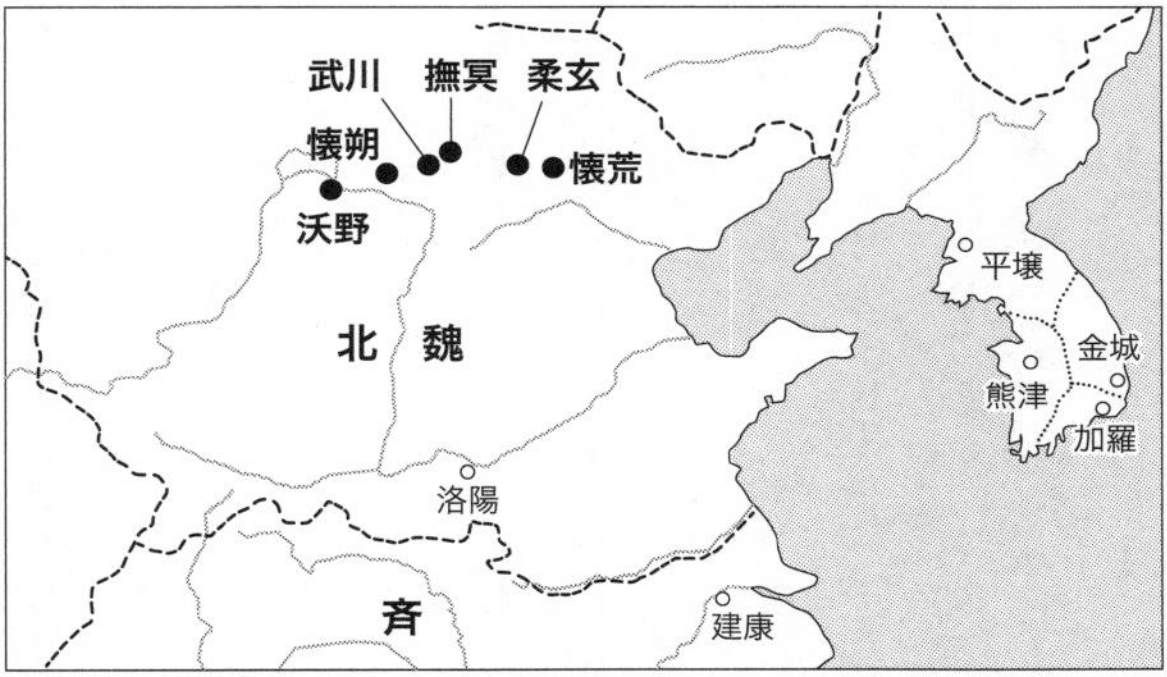

出典:『資料中国史ー前近代編ー』（白帝社）

北周の勝因は、事実上の建国者である宇文泰が「古典中国」を規範とした改革を断行したことにある。宇文泰は、儒教に基づく蘇綽《そしゃく》の「六条詔書《りくじょうしょうしょ》」を施政方針の中核に据え、魯弁《ろべん》が官僚制度を儒教経典の『周礼《しゅらい》』に基づき整理した。そして、府兵制《ふへいせい》を確立して、兵士の確保を容易にした。その一方で、李弼《りひつ》・独孤信《どくこしん》らの北族を軍中より抜擢し、鮮卑の貴族である楊《よう》氏（隋の帝室）を普六茹《ふりくじょ》氏、李氏（唐の帝室）を大野《だいや》氏などの鮮卑姓に復姓させた。こうして胡族と漢族の質実な力を結集し、「古典中国」を規範として、宇文泰は国力を増進させたのである。

南北朝の儒教は、義疏《ぎそ》学を中心とする。義疏学は、魏晋に付けられた経典への注を詳細に説明する学問である。貴族は様々な文化を専有しながらも、その基礎に儒教を置いた。基礎である儒教だけを専門に研究する博士《はくし》は蔑視されたが、貴族は礼学を中心とする儒教を身体化していた。南北朝において繰り返し「古典中国」が規範とされるのは、儒教が貴族の基底にあるためなのである。

宇文泰の子である北周の武帝は、『周礼』の尊重を継続する一方で、道教と仏教への信仰を止め、両教の研究機関として通道観《つうどうかん》に百二十名の学士を置くのみとした。そして五七七年、北斉を滅ぼして華北を統一したが、翌年病死する。

北周の外戚である楊堅《ようけん》は、五八一年に北周を奪って隋《ずい》を建国し、五八九年に陳《ちん》を滅ぼして、中国を統一するのである。

隋の中国統一

文帝《ぶんてい》楊堅が建国した隋は、北周を継承して「古典中国」を規範とする支配体制を確立した。『周礼』を元にした六官の官制を三省六部《さんしょうりくぶ》制に発展的に解消し、中央禁軍組織も十二衛府制《じゅうにえいふせい》へ一本化した。地方行政では、郡を廃止して州県制《しゅうけんせい》へと機構を簡素化し、郷里社会の掌握のために戸籍調査をし、三長制を改めた郷里制《きょうりせい》により郷村を再編成した。そして、首都大興城《だいこうじょう》を造営し、九品中正制度に代わる官僚登用制度としての貢挙《こうきょ》（のちの科挙）制度を採用したのである。

この結果、隋は、およそ戸数九百万、口数四千六百万という、後漢の盛時に匹敵する戸口の把握力を見せた。これを「開皇《かいこう》の治《ち》」という。漢代に形成された「古典中国」は、分裂と混乱を経て、ここに再編されたのである。

こうした隋の文帝の政治を支え、政策の立案・実行に加わった者は、胡漢融合勢力の関隴集団《かんろうしゅうだん》であった。北魏の六鎮《りくちん》の一つである武川鎮《ぶせんちん》は、「胡漢融合」により大きな力を発揮する。相互に血縁関係で結びついた関隴集団は、北周《ほくしゅう》・隋・唐の帝室を輩出し、隋唐を通じた支配者層を形成したのである（図四）。

文帝は晩年、元号を仁寿《じんじゅ》に改めた六〇一年から、一転して仏教・道教の復興を開始し、仏教を主とし、儒教・道教を副として扱う仏教治国策《ちこくさく》を始めた。そのころ仏教界では、智顗《ちぎ》が天台宗《てんだいしゅう》を普及させていた。智顗は、『法華経《ほけきょう》』を中心に漢訳の仏典を整理し、そこに含まれる教理や実践方法の違いを弟子の能力に応ずる釈迦《しゃか》の教育上の方便とみて、低きより高きに進む五つの時期と八つの教理によって体系化した（五時八教《ごじはちきょう》）。文帝は、国寺として大興善寺《だいこうぜんじ》を国都の大興城の中心に建立し、五衆《ごしゅ》などの教化担当の僧官を設置し、舎利塔《しゃりとう》を全国に建立した。仏教の国教化と考えてよい。

また、文帝は、対外的にはトルコ系の東突厥《ひがしとっけつ》を服属させたが、朝鮮半島の高句麗《こうくり》は勢力下には入らず、文帝の子である煬帝の課題として残された。

文帝の子である煬帝（楊広《ようこう》）は、大運河の完成、突厥への出兵、高句麗遠征の

図四　関隴集団系図

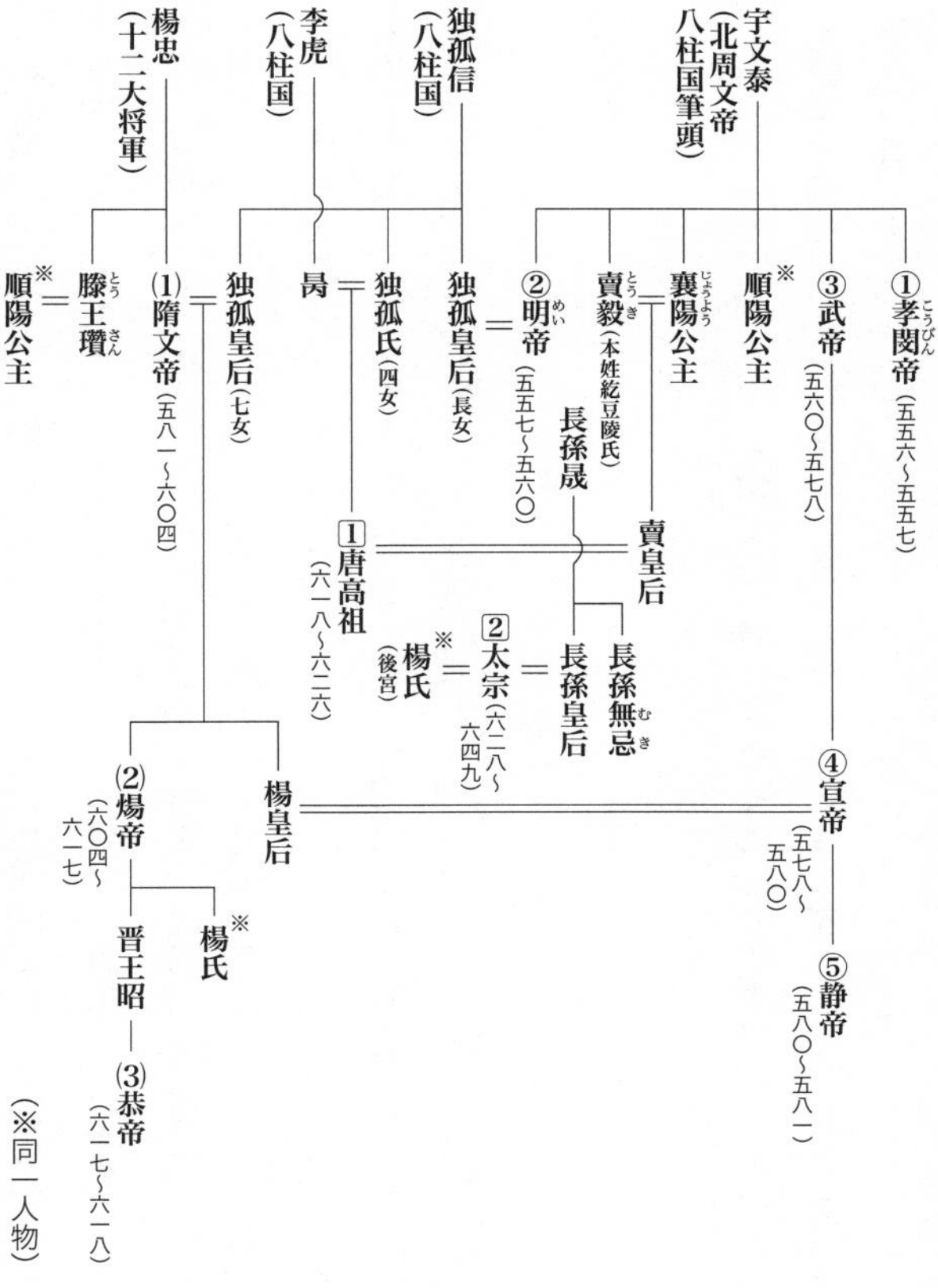

出典:『中国史 2』（山川出版社）

失敗などの諸政策で暴君と非難されるが、これらは本質的には文帝の踏襲・徹底である。なかでも、通済渠《つうさいきょ》・永済渠《えいさいきょ》などからなる大運河の建設は、経済的に中国を再統一するもので、宋《そう》以降の中国の首都が運河沿いに置かれたことから、その重要性を理解できよう。突厥との戦いも、唐の対外発展の基盤となっている。

それでも、大規模な土木事業と遠征が民の疲弊を招いたことは疑いなく、高句麗遠征の失敗を機に、多くの反乱が起こった。煬帝はそれを放置する中で滅び、関隴集団の李淵《りえん》が、群雄を平定して唐《とう》を建国する。

唐の律令体制

唐は、六一八年の建国以来、朱全忠《しゅぜんちゅう》に滅ぼされる九〇七年まで、およそ二百九十年の命脈を保ったが、七五五年に起こった安史《あんし》の乱を境として、前半と後半ではあらゆる局面で性質を異にする。

唐の前半期の政治と社会は、大局的にみて隋を引き継いでおり、律令体制《りつりょうたいせい》が整備された。高祖《こうそ》（李淵）は、即位した後も各地の群雄と戦ったが、その際に最も功績のあった者は次男の太宗《たいそう》（李世民《りせいみん》）であった。太宗は、六二六年、玄武門《げんぶもん》の変により、皇太子の李建成《りけんせい》を打倒し、高祖を譲位させて即位した。太宗は、股肱《ここう》の臣の房玄齢《ぼうげんれい》・杜如晦《とじょかい》に律令体制を確立させ、李建成の臣下であった魏徴《ぎちょう》を諫臣《かんしん》として重用し、自らを慎んだ。太宗と臣下の議論をまとめた『貞観政要《じょうがんせいよう》』は、帝王学の教科書として中国歴代の、さらには日本の為政者にも読み継がれた。

律令体制は、均田制《きんでんせい》（土地の受給と回収）・租庸調制《そようちょうせい》（税制）・府兵制《ふへいせい》（兵制）の三位一体の農民支配を中心とし、周辺の諸民族を服属させて、「貞観《じょうがん》の治《ち》」と賛えられる安定期を現出した。これまで、中国国家は、秦漢《しんかん》で成立した中央集権的な官僚制度に基づき、農民の一人ひとりを個別に支配する努力を続けてきた。もちろん、それが常に実現したわけではない。漢代の豪族や両晋南北朝《りょうしんなんぼくちょう》の貴族の大土地所有のように、皇帝の農民支配を妨げるものは存在し、しかもそれが官僚層の主要な供給源でさえあった。しかし、魏晋《ぎしん》南北朝のような分裂に向かう時代でも、国家は個別人身的な支配を再建する努力を続け、それが曹魏の屯田制《とんでんせい》、西晋の占田《せんでん》・課田《かでん》制の流れを汲む北魏以降の均田制として結実した。その規範が「古典中国」の「井田《せいでん》」であった。こうして、唐の前半期に「古典中国」の理想は実現したのである。

また、太宗は、東突厥を破り、麴氏高昌国《きくしこうしょうこく》を滅ぼすと安西都護府《あんせいとごふ》を置いた。続く高宗《こうそう》は、百済《ひゃくさい》を滅ぼし、新羅《しんら》と結んで高句麗《こうくり》を滅ぼした。唐は広大な地域に安東・安北・単于《ぜんう》・北庭《ほくてい》・安西・安南の六都護府を置いて異民族を懐《なつ》ける「羈縻《きび》政策」を採ったが、新羅が朝鮮半島を統一すると、平壌《へいじょう》の安東都護府は遼東《りょうとう》まで撤退した。だが新羅は、唐から完全に独立したわけではなく、これ以後も唐から官爵を授けられ「封建」された。「古典中国」の規範である「封建」は、夷狄にも適用される。その結果、成立した唐を中心とした東アジア世界の国際関係を「冊《さく》封体制《ほうたいせい》」と呼ぶ。それは唐への朝貢《ちょうこう》の義務を伴う臣属関係であった。ただし、西欧近代諸国のように、一方的な植民地支配をするものではなかった。その規範が「古典中国」の「華夷《かい》」に基づくためである。華夷思想は、天子が徳治を行う中華を世界の内とし、徳の及ばない化外《けがい》の夷狄を教化の対象と位置づける。このため、日本の遣唐使《けんとうし》のように、周辺諸国は積極的に唐の文化を吸収し、漢字・儒教・律令制度・大乗仏教を共有する東アジア世界が形成された。

唐は、高宗の皇后であった武則天《ぶそくてん》により一時滅亡する。武則天が、高宗の死後に立てた子の中宗《ちゅうそう》、睿宗《えいそう》を廃位し、仏教経典の『大雲経《たいうんきょう》』を利用して六九〇年に周《しゅう》（武周）を建国したためである。だが、武則天の治世も国家の戸口把握力は上昇を続けた。「貞観の治」のころ約二千万人であった戸籍登録者は、約三千万人に増加している（玄宗《げんそう》治下の安史《あんし》の乱により、約四千五百万人から約一千万人に一挙に減少する）。それは、関隴集団《かんろうしゅうだん》の支持を得られない武則天が、姚崇《ようすう》・宋璟《そうけい》など科挙《かきょ》の出身者を抜擢して、政治に当たらせたことによる。

科挙は、科目別貢挙の略称で、秀才《しゅうさい》・明経《めいけい》・進士《しんし》・明法《めいほう》・明書《めいしょ》・明算《めいさん》の各科があった。当初、推薦を伴う秀才が尊重されたがやがて廃《すた》れ、文学の才により選ぶ進士科が重視された。受験資格を得るには、郷試《きょうし》（地方試験）に受かるか、国子監《こくしかん》が管理する六学《りくがく》（国子学・太学《たいがく》・四門学《しもんがく》・律学・書学・算学）を卒業する必要があった。「古典中国」の「学校」が、科挙の前提なのである。

ただし、唐代を通じて官僚層は、科挙出身者よりも、貴族や高級官僚の子弟が任用される蔭子《いんし》（任子）出身者が多かった。太宗《たいそう》が編纂させた『貞観氏族譜《じょうがんしぞくふ》』により、唐室を含めた関隴集団や漢人貴族は、国家的身分制としての貴族制の序列下にあった。貴族は、その家に生まれれば、官僚になれたのである。しかし、進士科出身者の活躍を見るにつれ、貴族からもあえて科挙を受ける者が拡大していく。やがて八二〇年から、牛僧孺《ぎゅうそうじゅ》ら進士出身者と李徳裕《りとくゆう》ら貴族とが、「牛李《ぎゅうり》の党争」という派閥争いを繰り広げ、唐衰退の一因となっていく。

武則天が老いると、子の中宗が復位し唐を復興する。中宗の皇后の韋后《いこう》は、中宗を毒殺するが、玄宗《げんそう》は父の睿宗を推戴して韋后を討ち、自ら帝位に即いた。

玄宗は、武則天が抜擢した姚崇・宋璟に政治を委ね、「開元の治《かいげんのち》」と賛えられる唐の全盛期を築き上げた。しかし、律令体制はすでに破綻が始まっていた。戸籍に就く人の増加は、均田制の給田を行き詰まらせ、負担が大きい府兵制は崩壊した。それに代えて、傭兵による募兵制《ぼへいせい》を採用し、軍団の司令官として節度使《せつどし》を設置した。辺境に常駐する大軍を手中に収める節度使の出現は、中央政府の動向に大きな影響を与えた。治世の後半、玄宗が楊貴妃《ようきひ》に入れあげている間に、平盧《へいりょ》・范陽《はんよう》・河東《かとう》の三節度使を兼任した安禄山《あんろくざん》は、七五五年に部下の史思明《ししめい》と共に反乱を起こす。唐の律令体制を瓦解させる安史の乱である。

唐宋変革

唐の後半期は、律令体制が崩壊し、藩鎮《はんちん》が各地に割拠した分裂期であり、唐宋《とうそう》変革《へんかく》と呼ばれる、春秋・戦国時代以来の中国史の大きな変革期の始まりとなる。

安史の乱は、ウイグルの援助と反乱軍の内紛によって平定されたが、乱以後、地方では藩鎮が割拠し、とくに「河朔《かさく》の三鎮」と呼ばれた魏博《ぎはく》・成徳《せいとく》・盧竜《ろりょう》の三節度使と「河南の二鎮」と呼ばれた平盧《へいりょ》・淮西《わいせい》の二節度使は、ほぼ独立状態にあった。安史の乱後の節度使を藩鎮と呼ぶのは、地方の行政官であった観察使《かんさつし》を兼任して、節度使が軍事権に加えて行政権を手に入れたからである。これに対して唐は、生産力の高い江南《こうなん》を死守し、税を司る度支使《たくしし》、漕運《そううん》を司る転運使《てんうんし》、専売を司る塩鉄使《えんてつし》など令外《りょうげ》の官となる使職《ししょく》を置き、七八〇年に両税法《りょうぜいほう》を施行し、財政を建て直した。憲宗《けんそう》は、余裕のできた財政により禁軍《きんぐん》（皇帝直轄軍）として神策《しんさく》軍《ぐん》を編制し、宦官《かんがん》に指揮をさせ、従わない藩鎮を討伐して唐を中興した。

しかし、「牛李《ぎゅうり》の党争」に乗じて、宦官が権力を伸長させ、宦官の排除を目指した文帝《ぶんてい》は甘露《かんろ》の変で敗れた。八七五年、山東の塩密売商人が起こした黄巣《こうそう》の乱は、唐の支配を根底から揺るがし、黄巣の部下であった朱全忠《しゅぜんちゅう》が、九〇七年に唐を滅ぼし、約三百年に及ぶ唐の支配に幕を降ろしたのである。

唐衰退の契機となった安史の乱は、中国の転換点となった。これを機に、律令体制として完成した個別人身支配に代わり、形勢戸《けいせいこ》—佃戸《でんこ》制を容認する国家が形成されていく。形勢戸—佃戸制とは、形勢戸が所有する荘園《しょうえん》における佃戸（農奴）への支配を国家が黙認することで生まれた社会体制である。

徳宗《とくそう》の宰相楊炎《ようえん》が制定した両税法は、一人ひとりに等しく税を課す租庸調《そようちょう》とは異なり、貧富の差を容認した税制であり、国家が形勢戸の佃戸支配を黙認した。両税法は、実有資産の差によって税に軽重をつけた。具体的には、形勢戸のような大土地所有者から多くの税を取る代わりに、形勢戸が支配する佃戸からは少なくしたのである。こうして皇帝が一人ひとりを直接統治するという「古典中国」が目指した理想は崩壊し、時代は「近世中国」へと大きく変貌していく。

唐の文化

唐の文化を代表する詩は、進士《しんし》科の試験科目である。秀才《しゅうさい》科では、政治上の意見を問う策論《さくろん》を課したが採点が厳しく、合格者もなくなり廃止された。進士の文才を試みる詩賦《しふ》の試験は、六朝《りくちょう》の流れを汲む貴族の嗜好に合致して、最も重んじられた。受験者は、自分の詩作をまとめて行巻《こうかん》と呼ばれる文集をつくり、試験官などから批評を受けて、詩作の腕を磨いた。

杜甫《とほ》は、沈鬱な内向性を持ち、拠り所を失った社会や人間に対する底深い悲しみを湛えた作品を残した。李白《りはく》は、形式の緩やかな「古詩」を得意とし、自由奔放で幻想にみち、大らかな風格を持つ。絵画を良くし、美しい叙景詩を作った王《おう》維《い》とあわせて、三人を詩仙（李白）・詩聖（杜甫）・詩仏（王維）と呼ぶ。杜甫は儒教、李白は道教、王維は仏教という三人の尊崇する思想の違いにも注目するためである。

唐の仏教で、中国独自の教理を顕著に示す華厳宗《けごんしゅう》を集大成した法蔵《ほうぞう》は、現象の背後に存在する形而上《けいじじょう》的な実体を否定し、現象の絶対化・個物の独立自存性を踏まえて、個物相互間の円融《えんゆう》を問題とした。円融とは、事と理の完全な相即相入、または融合を説いて、事理・事事・理理の三種円融とし、空仮中の三諦を総別・同異・成壊という六相円融に分けるなど、相対即絶対の思考を強めることを特色とする思想である。これに対して、玄奘《げんじょう》は自らインドに赴いて、インド本土の後期大乗仏教を学んだ。玄奘のインドへの旅を題材に、やがて明代に呉承恩《ごしょうおん》が孫悟《そんご》空《くう》を主人公とする『西遊記《さいゆうき》』を描く。玄奘は法相宗《ほっそうしゅう》を開き、唐代の仏教に新たな選択肢を加えた。これと共に唐代の仏教を変容させたものが禅宗《ぜんしゅう》である。達磨《だるま》を初祖とする禅は、「不立文字《ふりゅうもんじ》」「以心伝心《いしんでんしん》」を主張して、独自の仏教を展開した。宋代以後の中国仏教は、知識人層は禅宗、民衆は浄土教を中心に受容していく。

太宗のとき、国子祭酒《こくしさいしゅ》の孔穎達《くようだつ》を総裁に完成された五経の注釈書である「五経《ごきょう》正義《せいぎ》」は、六朝の義疏学《ぎそがく》を継承して、後漢以来の訓詁学《くんこがく》を集大成した。五経の注としては、『周易《しゅうえき》』は王弼《おうひつ》と韓康伯《かんこうはく》、『尚書《しょうしょ》（書経）』は孔安国《こうあんこく》、『毛詩《もうし》（詩経）』は毛亨《もうこう》・毛萇《もうちょう》と鄭玄《じょうげん》、『礼記《らいき》』は鄭玄、『春秋左氏伝《しゅんじゅうさしでん》』は杜預《どよ》の解釈が採用され、それらの注へのさらなる注釈として、義疏学の中から妥当なものが取られた。正義とは正しい義疏（解釈）という意味である。「五経正義」は天下に頒布され、学校、そして明経《めいけい》科の教科書とされた。「近世中国」の儒教は、これを超えて直接、孔子の理想を哲学的に観念していく。

第四章　近世中国の形成（宋元）

対照的な国家

「近世中国」は、形勢戸《けいせいこ》の佃戸《でんこ》支配を国家が黙認しているため、農民への支配は、「古典中国」ほどには貫徹しない。そうしたなかで、宋《そう》と元《げん》は、対照的な統治体制を取った。宋は、秦漢《しんかん》・隋唐《ずいとう》以上に中央集権的な官僚制を構築したが、その文治主義《ぶんちしゅぎ》により軍事力の弱体化に悩んだ。一方、元は、圧倒的な軍事力で世界を蹂躙《じゅうりん》したモンゴル世界帝国の宗主として中国を支配したものの、分権的な統治体制で経済的には塩専売などの商業に依存した。北宋・南宋があわせて三百年近い歴史を刻み、元が中国を百年も統治できなかったことは、軍事力に基づく強圧的な支配は、中国では長期的に持続できないことを示す。

「古典中国」から「近世中国」への過渡期である唐宋変革《とうそうへんかく》は、七五五年に始まる安史《あんし》の乱から九六〇年の北宋の成立まで約二百年間続く。その間に、国家体制は、皇帝が農民を一人ひとり支配することを目指す個別人身的な支配体制が崩壊し、両税法《りょうぜいほう》に現れるような形勢戸―佃戸制を黙認する支配へと変貌する。

また、支配者層は、唐までの貴族が没落して、新興の形勢戸が成長を見せる。唐末、朱全忠《しゅぜんちゅう》が朝廷に残っていた貴族を黄河《こうが》に投げ込んで全滅させたように、五《ご》代十国《だいじっこく》の武断政治は、貴族に大きな打撃を与えた。

五代のうち後唐《こうとう》を除くすべての国家が、大運河の要衝である汴《べん》に都を置いたことは、「古典中国」までの農業国家に対して、商業に経済の重心が移ったことを象徴する。形勢戸は大土地所有をする地主であると共に、一族の中に富商《ふしょう》を抱え、科挙に合格者を出して官戸《かんこ》となることを目指した。こうした新興の士大夫《したいふ》（読書人）が、「近世中国」の支配者層である。

士大夫は、貴族に比べれば多数で大きな広がりを持ち、それまでの閉じられた貴族文化から、開放的な文化へと裾野が拡大する。それを支えたものが、宋代の三大発明の一つの木版印刷術《もくはんいんさつじゅつ》である（他の二つは磁針〈羅針盤《らしんばん》〉と火薬《かやく》）。「近世中国」の規範を集大成する朱熹《しゅき》（朱子《しゅし》）は、自らの著書を印刷に付すことで、その学説の普及に成功したのであった。

北宋の文治主義

九〇七年に唐が滅亡すると、華北では後梁《こうりょう》（朱全忠の建国）・後唐《こうとう》（突厥《とっけつ》の李存勗《りそんきょく》の建国）・後晋《こうしん》（突厥の石敬瑭《せきけいとう》の建国。燕雲《えんうん》十六州を遼に割譲）・後漢《こうかん》（劉知遠《りゅうちえん》の建国、四年で滅亡）・後周《こうしゅう》（二代世宗が廃仏で有名）の五代《ごだい》が交替し、その他の地域には、越《えつ》・南唐《なんとう》・前蜀《ぜんしょく》・後蜀《こうしょく》・呉《ご》・閩《びん》・荊南《けいなん》・楚《そ》・南漢《なんかん》・北漢《ほくかん》の十国《じっこく》が乱立した。五代十国は、唐の藩鎮《はんちん》が自立して抗争したもので、武力を背景に強権的な武断政治《ぶだんせいじ》を行った。西欧や日本の中世と同様、武力を存立基盤とする領主が、地方に割拠する可能性は、中国にも存在したのである。

しかし、没落した唐の貴族に代わって支配者層となった形勢戸《けいせいこ》層は、武力よりも文化を尊重した。また、煬帝《ようだい》が建設した大運河の一つ通済渠《つうさいきょ》の基点にあたり、黄河《こうが》流域と江南《こうなん》を結ぶ経済の中心として栄えた汴《べん》は、北宋《ほくそう》の都開封《かいふう》となっていく。流通の中心に都が置かれたことに象徴される全国規模での商業の発展は、封建的な分権国家の成立を求めなかったのである。

後周の外戚であった趙匡胤《ちょうきょういん》（太祖《たいそ》）は、九六〇年に宋（北宋）を建国すると（図一）、節度使《せつどし》の財政権を奪い、武力を過度に尊重しない文治《ぶんち》主義を掲げながら、中国を統一していく。禁軍《きんぐん》の指揮権を皇帝の専権とし、地方の節度使から財政権を奪った。軍政の総括機関である枢密院《すうみついん》は科挙《かきょ》官僚が占め、文人が軍隊の指揮権を掌握した。

そのために科挙を進士科《しんしか》に一本化して合格者を増やし、枢要な職には科挙合格者しか就けないようにした。また、郷試《きょうし》（会試、地方試験）―省試《しょうし》（礼部試）の上に殿試《でんし》（皇帝自らの試験）を設け、合格者を自らの門生とした。士大夫は、科挙に合格して官僚になることで地位・名声・権力を獲得し、それを元に大きな富を得ていく。建前では、受験資格に制限はなかったが、学問をできる環境を考え

図一　北宋と周辺民族

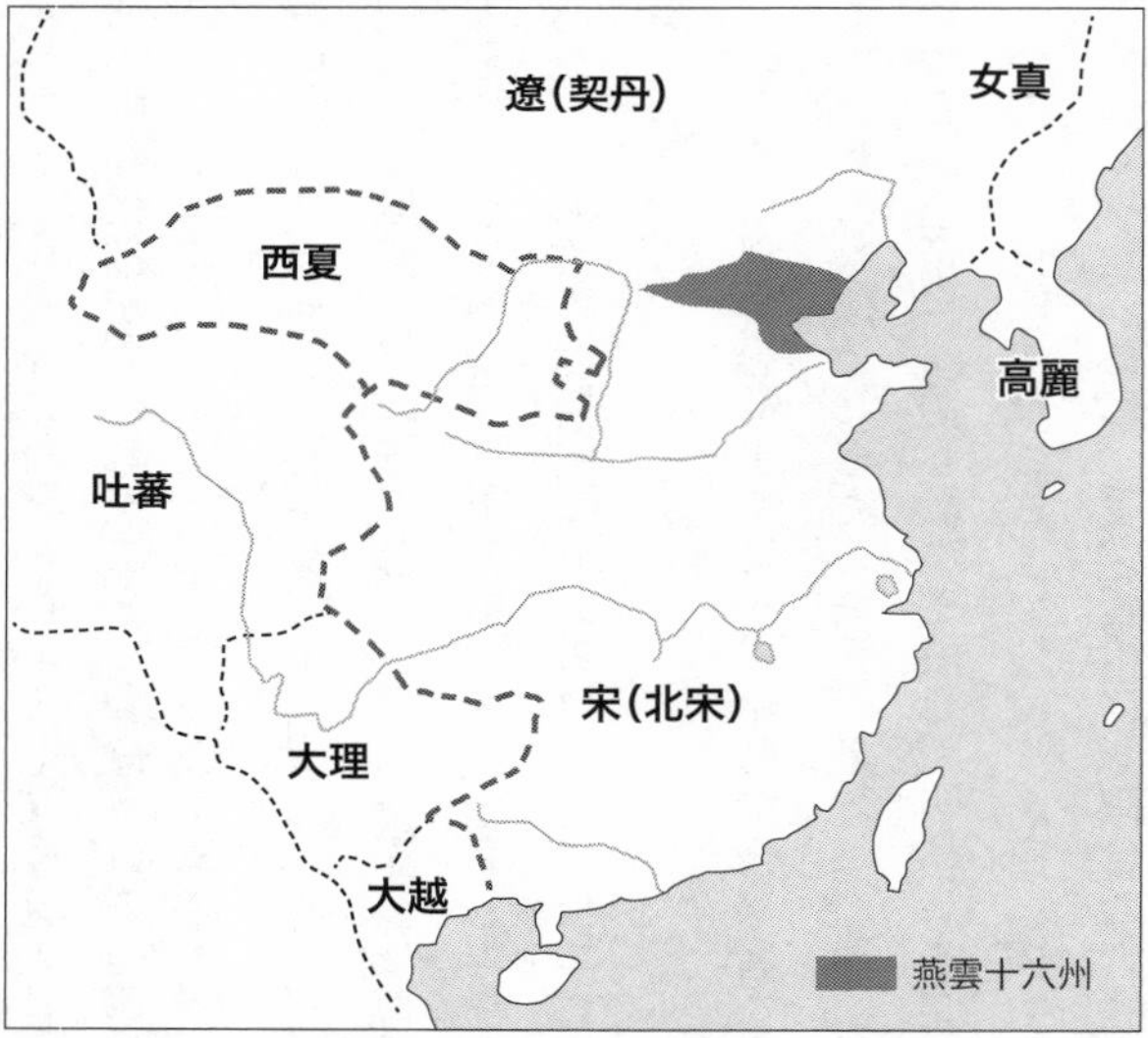

出典：小田切英『すぐわかる中国の歴史 改訂版』（東京美術）

れば、受験者の大半は形勢戸であった。科挙は、宋の文治主義の人的基盤を提供すると共に、士大夫の再生産機構としての意味合いを強く持っていたのである。

　文治主義は軍事力の弱体化を招き、宋は契丹《きったん》族の遼・党項《タングート》族の西夏《せいか》の侵入に苦しんだ。一〇〇四年には遼と澶淵《せんえん》の盟《めい》、一〇四四年には西夏と慶暦《けいれき》の和約《わやく》を結び、宋から歳幣《さいへい》として銀・絹・茶を贈って平和を贖《あがな》った。また、一人に権力を集中させないため冗官《じょうかん》（権限が重複した官）を多くしたので、人件費が嵩《かさ》んだ。弱体により肥大した国軍の維持と歳幣の支払い、多額の官僚人件費のため財政が悪化した宋では、神宗《しんそう》の宰相である王安石《おうあんせき》が一〇七〇年より、新法に基づき国政の改革をしていく。

王安石の新法は、『周礼《しゅらい》』を規範に掲げ、形勢戸・富商・特権官僚の利益を抑え、小農民・中小商人を保護する富国策と府兵制を理想とする強兵策から構成された。強兵策のうち、保甲法《ほこうほう》は、兵農一致の強兵策で農村を保に組織し、農閑期に軍事訓練をするもので、保馬法《ほばほう》は、軍馬飼育策である。富国策のうち、青苗法《せいびょうほう》は、農民への低利融資策で、青苗時に融資して収穫時に返却させ、小農民を保護するものであった。均輸法《きんゆほう》は前漢の武帝期にも試みられた物価調整・物資流通策で、各地の特産物を調達して不足地で売却するものである。方田均税法《ほうでんきんぜいほう》は、税負担公平化を目指し、検地により土地の等級を定め課税高を増減するという「井田」の理想を継ぐもので、募役法《ぼえきほう》は、役法再建のため、免役銭を徴収して雇銭とし、職役希望者を雇用するものである。市易法《しえきほう》は、不要な物資を買い上げ、低利で融資して、小商人を保護するものであった。

さらに王安石は、進士科の試験内容を詩賦から経義《けいぎ》に変更し、「学校」を科挙に関わらせた。そして、『周礼新義《しゅらいしんぎ》』など経典への注釈を著し、学官《がっかん》に立てて学校で教えさせた。王安石の解釈は、「荊公新学《けいこうしんがく》」と呼ばれたが、朱子学《しゅしがく》が正統となることで滅んだ。このため、その内容は不明であるが、王安石が単に新法を矢継ぎ早に打ち出すだけでなく、『周礼』をはじめとした経典に改革の典拠を求め、「近世中国」の規範を作り、それを学校で教えて、科挙によって国家の官僚にしようとしたことが分かる。

王安石の「近世中国」の規範は、「古典中国」とは異なる。「古典中国」では、国家が商業と関わることはなく、たとえば唐では商人は科挙の受験資格がなかった。市易法は、国家による経済への介入であり、王安石の「近世中国」に納得のいかない者たちは、王安石の新法を厳しく批判した。旧法党《きゅうほうとう》と総称される批判者の中には、『資治通鑑《しじつがん》』を編纂した司馬光《しばこう》を筆頭に、王安石と共に名文家として「唐宋八大家」に名を列ねる欧陽脩《おうようしゅう》・蘇軾《そしょく》・蘇轍《そてつ》などが含まれていた。王安石は、容赦なく旧法党を排除して新法を推進したが、神宗の死後、新法は廃止された。以後、新法党《しんぽうとう》と旧法党との党争が激化し、北宋は衰退していく。

こうした中、女真族《じょしん》が建国した金《きん》と同盟して遼を滅ぼしたが、その際、中国随一の文人皇帝で書画に秀でた徽宗《きそう》が、約束を破ったために金の攻撃を受けた。徽宗とその子欽宗《きんそう》が連行される靖康《せいこう》の変により、一一二七年に北宋は滅亡した。

南宋の繁栄

金に滅ぼされた宋は、高宗《こうそう》によって再建されたが、金軍に追われて南遷し、都を杭州《こうしゅう》に定め臨安《りんあん》と称した。金より帰国した宰相の秦檜《しんかい》は和平を説き、一一四一年、紹興《しょうこう》の和議を結んで、淮水《わいすい》を国境とし、宋から金へ毎年歳貢《さいこう》を支払うことを定め、主戦派の将軍である岳飛《がくひ》を殺した。

南宋は、政治的には振るわなかったが、経済的・文化的には大発展を遂げた。ヴェトナムから占城稲《せんじょうとう》と呼ばれる早稲の品種が導入されて二毛作が可能となり、囲田《いでん》（干拓）を進めて耕地面積を拡大したため、「蘇湖《そこ》（江南地方が）熟すれば天下足る」と称される生産力を持つに至った。また、飲茶の普及により茶の栽培が広がり、茶の専売は、塩の専売と共に国庫の重要な財源となった。青磁・白磁に代表される宋磁が江西省の景徳鎮《けいとくちん》、河北省の磁州《じしゅう》で盛んに製作された。

唐末に草市と呼ばれた非公認の市は、宋代には鎮・市という地方商業都市に発展した。都市の瓦市《がし》（瓦子、歓楽街）には、酒楼《しゅろう》・茶館《ちゃかん》・勾欄《こうらん》（劇場）などが設けられ、劇や語り物が演じられた。都市には、行《こう》（商人）・作《さく》（手工業者）という同業組合が作られ、銅銭に加えて交子《こうし》（北宋）、会子《かいし》（南宋）、交鈔《こうしょう》（金・元）と呼ばれる紙幣のほか金銀も用いられた。首都の臨安は、商業・海港都市の性格も持ち、杭州・明州《めいしゅう》（寧波《ニンポー》）などの海港には市舶司《しはくし》が設置された。

一二六三年には、朱子学に傾倒する理宗《りそう》の宰相となった賈似道《かじどう》が、「井田」を理想として、形勢戸の土地所有を制限し、超えた分は国家が購入して農民に小作させる公田法《こうでんほう》を実施した。これにより、南宋の財政は一時的に改善した。

しかし、軍事力の弱体は改善されず、文天祥《ぶんてんしょう》らの抵抗も空しく、一二七九年、元《げん》のフビライにより、厓山《がいざん》の戦いで南宋は滅ぼされ、中国は異民族に全土を支配されることになる。

木版印刷術により急速に伝播し、理宗にも尊重された「近世中国」の規範は、南宋の朱熹《しゅき》（朱子《しゅし》）が道学（宋学）を集大成した朱子学であった。朱熹は、自己をいかに高めていくか、皇帝と民衆に対して責任を持つ士大夫として、いかに社会的実践に関わっていくか、という課題に答えた。朱熹は屈辱的な金との和平に反対を続けたが、それ以上に、国家と中華の危機に際して、士大夫が指針を失っていることを憂いた。朱熹は、自分の説の論拠として、『大学《だいがく》』『中庸《ちゅうよう》』『論語《ろんご》』

『孟子《もうし》』の「四書《ししょ》」を聖典化し、形而上的な理《り》と形而下的な気《き》の二元により、万物の生成を説明した（理気二元論《りきにげんろん》）。そして、人間の性を本然の性（理）と気質の性（気）に分け、人間は本来「理」であることを説いた（性即理《せいそくり》）。それでも人間が悪に走る理由は、気が理を妨げるためで、情欲を断ち理に立ち返ることで本来的な道徳性を得られるとした。そのためには、物事の道理を極めて自己の知識を完成することが必要であるとし（格物致知《かくぶつちち》）、臣下として守るべき節操と本分を大義名分《たいぎめいぶん》に求めたのである。華夷《かい》の別を強調する朱子学は、意外にも元の時代に国家教学となり、李氏朝鮮《りしちょうせん》や江戸《えど》幕府の官学ともなった。これに対して、朱子に反発する陸九淵《りくきゅうえん》は、宇宙の理は個人の心にあるとして心即理《しんそくり》を説き、精神修養を重視して明《みん》の王陽明《おうようめい》に大きな影響を与えた。

また、国家の正統性を歴史書が担う正史《せいし》という概念も宋で完成した。北宋の欧《おう》陽脩《ようしゅう》は、『新唐書』『新五代史《しんごだいし》』を著し、後者では『春秋』の精神に基づいて五代の政治・世相を痛烈に批判した。続く司馬光《しばこう》は、『春秋』の後を継いで戦国から五代までの編年体《へんねんたい》の通史である『資治通鑑《しじつがん》』を著した。これは、治乱興亡の跡をたどり客観的に大義名分論を展開し、帝王の治政に資するため歴史を通覧する鑑として書かれた。それを受けた朱熹の『資治通鑑綱目《しじつがんこうもく》』は、史実よりも義理を重んじる道徳史観を結集したものである。

このほか宋代の士大夫は、水利・算数・兵法・医薬・農学などの広範な科学技術に高い関心を示した。官僚でもあった士大夫には、こうした実学の知識は、行政を推進するうえで欠くことのできないものなのであった。

征服王朝

契丹《きったん》族の耶律阿保機《やりつあぼき》が、九一六年に建国し渤海《ぼっかい》を滅ぼした遼《りょう》は、後晋《こうしん》から北京《ペキン》と大同《だいどう》を中心とする燕雲《えんうん》十六州を手に入れた。遼は、北面官《ほくめんかん》には部族制により契丹族、南面官《なんめんかん》には州県制により漢族を支配させる二重統治体制《にじゅうとうちたいせい》をとって、中国を支配した。こうした二重統治体制を持つ非漢族国家をヴィットフォーゲルは「征服王朝《せいふくおうちょう》」と呼んだ。たしかに、金《きん》は猛安謀克制《もうあんぼうこく》（三百戸を一謀克部、十謀克部を一猛安部とする部族制）により女真族《じょしん》を、元は千戸百戸制によりモンゴル族を、清は八旗制《はっき》（一旗《グサ》は七千五百人）により満州族を組織している。自民族が持つ部族制への対応と、漢族に同化しないための措置と言えよう。

遼は、モンゴル系の耶律阿保機の建国で、全盛期の聖宗《せいそう》が一〇〇四年、北宋と澶淵《せんえん》の盟を結んだ。宋を兄とし、宋は毎年絹二十万匹、銀十万両を歳幣として遼に支払うこととされた。また遼は、漢字と突厥文字の影響を受けて契丹文字を作り、儒教のほか仏教も盛行し、「契丹蔵」と呼ばれる大蔵経も編纂された。

西夏《せいか》は、チベット系党項《タングート》族の李元昊《りげんこう》が建国し、慶暦《けいれき》の和約を結び、北宋に臣礼を取る代わりに、歳幣を受けた。敦煌《とんこう》（沙州）を支配することで、東西貿易の利を挙げ、漢字にならって西夏文字を製作した。

金は、ツングース系女真族の国家で、完顔阿骨打《かんがんあくだ》（太祖）の建国である（図

図二　金領域図

出典：『資料中国史－前近代編－』（白帝社）

二)。北宋と同盟して、一一二五年に遼を滅ぼし、一一二六〜一一二七年の靖康《せいこう》の変で北宋を滅ぼした。一一四一年には南宋と紹興の和議を結び、宋を臣下とし歳貢《さいこう》を出させた。海陵王《かいりょうおう》は、漢文化を奨励し、漢人官僚を抜擢して、北選(遼制)・南選(宋制)に分かれていた科挙を一本化した。急激な漢化に反発した将兵に、海陵王は殺され、世宗《せそう》が即位する。世宗は、中国的な中央集権国家を樹立する一方で、中国古典を女真語に翻訳し、女真文字を作って女真文化の保護に努めたが、漢族との通婚・雑居は、金滅亡時まで続いていく。儒教が国教的な待遇を受けるなか、王重陽《おうじゅうよう》は、儒仏道の三教を調和した新道教である全真教《ぜんしんきょう》を創設し、天師道を起源とする正一教《しょういつきょう》と並んで教団道教の二流派として、現在まで継続している。

モンゴル世界帝国と元の中国支配

モンゴル高原の統一を進めたテムジンは、一二〇六年、モンゴル族を統一してチンギス＝ハンと号し、西遼の故地であるトルコナイマン部、イラン中心のホラズム王国を滅ぼし、インドの奴隷王朝にも侵入してユーラシア大陸を征服した。元《げん》は、チンギス＝ハンが建てた、大モンゴル―ウルス（ウルスは国家）の後継国家である。

チンギス＝ハンの死後、諸子が領土を継承し、南ロシアはキプチャク―ハン国、中央アジアはチャガタイ―ハン国となった。チンギス＝ハンの末子であるトゥルイ家は、本来、大ハンの位とモンゴル高原を継承するはずであったが（モンゴルは本来、末子相続）、それらはチャガタイと結んだオゴタイ＝ハンのものとなった。

第二代の太宗オゴタイ＝ハンは、一二三四年、金を征服して、初めて農耕地帯を征服した。そのため、遼の王族であった耶律楚材《やりつそざい》を重用し、モンゴル帝国の内政を整えさせた。また、バトゥは西征し、キエフを攻略して南ロシアを制圧し、ハンガリーに侵入した。一二四一年、ワールシュタットの戦いで、シュレジエン侯ハインリヒ二世が指揮するドイツ・ポーランド連合軍を撃破し、キプチャク＝ハン国を建設した。

キプチャク＝ハン国に身を寄せたトゥルイ家は、やがてキプチャク＝ハン国の後押しにより、モンケ＝ハンを第四代の大ハンとすることに成功する。モンケの弟のフビライは、未だ降伏していなかった南宋、その下の弟のフラグはイランの攻略を担当し、フラグはイランにイル＝ハン国を建設する。兄モンケの死後、フビライは第五代の大ハンに就任するが、オゴタイ家はハイドゥを擁立、ここにモンゴル帝国は分裂した（図三）。

一二六四年に末弟のアリクブケを破ったフビライは、第五代大ハンとして都を大都《だいと》（北京）に移し、七一年に国号を元（大元ウルス）に改めた。第二代大ハン

図三　モンゴル帝国系図

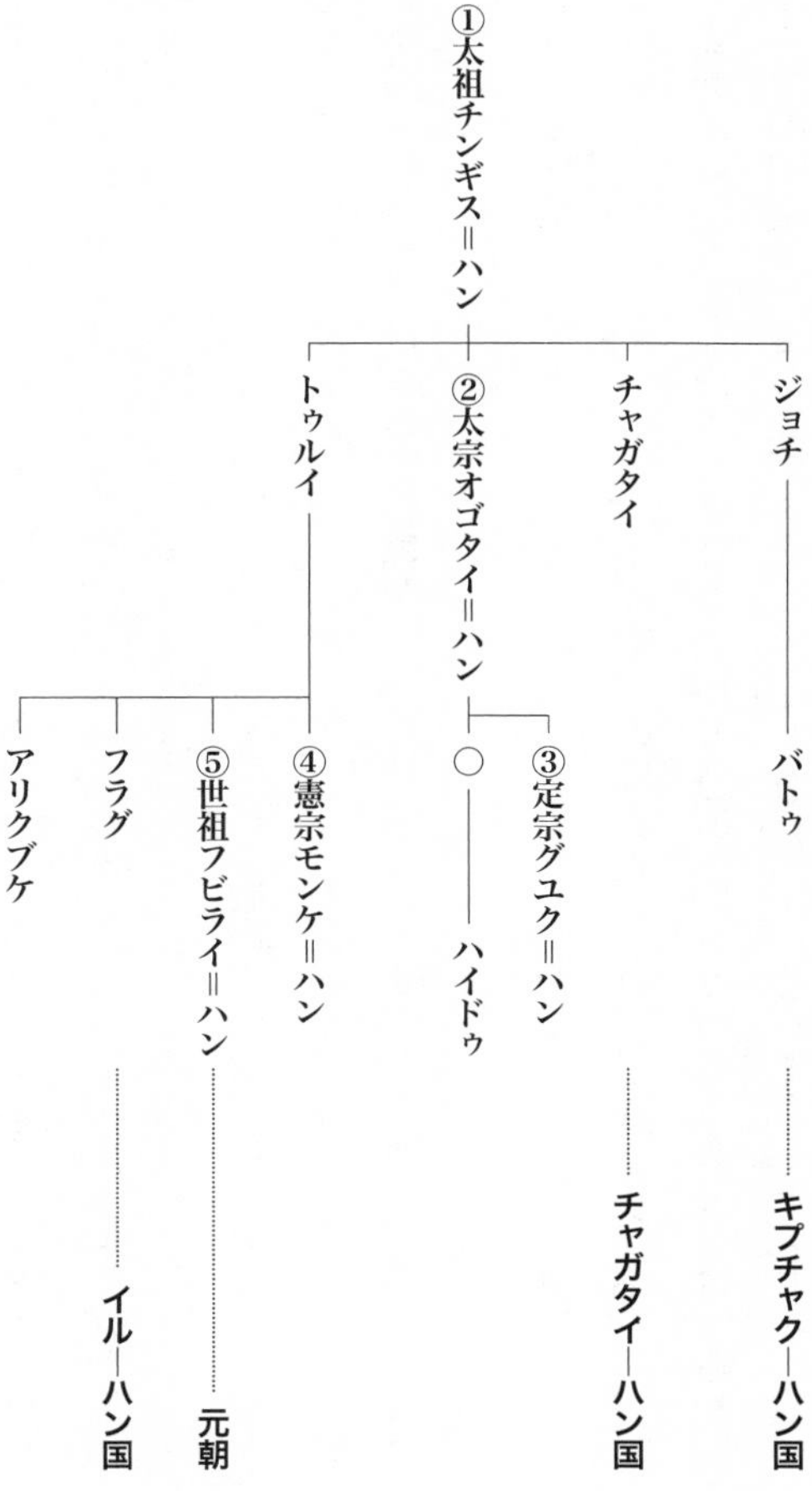
①太祖チンギス＝ハン
ジョチ
チャガタイ
②太宗オゴタイ＝ハン
トゥルイ
バトゥ
③定宗グユク＝ハン
○
ハイドゥ
④憲宗モンケ＝ハン
⑤世祖フビライ＝ハン
フラグ
アリクブケ
キプチャク＝ハン国
チャガタイ＝ハン国
元朝
イル＝ハン国

のオゴタイの孫であるハイドゥの乱を機に、大モンゴル―ウルスは、中国を支配する本家で大ハンの元と、中央アジアのチャガタイ―ハン国（チャガタイ―ウルス）、西アジアのイル―ハン国（フラグ―ウルス）、カザフ草原からロシアにかけてのキプチャク―ハン国（ジョチ―ウルス）に分立した（図四）。

フビライは、一二七九年の厓山《がいざん》の戦いで南宋を最終的に滅ぼし、中国全土を支配した。ほかに、雲南省の大理《だいり》、ミャンマーのパガン朝を滅ぼし、チベット・高麗《こうらい》を属国化したが、日本の鎌倉幕府・ジャワのシンガサーリー朝・ヴェトナムの陳朝大越への遠征は失敗した。

元は、公用語をモンゴル語とし、色目人《しきもくじん》（西方出身者など様々な人種）に経済を掌握させた。その一方で、旧金支配下の女真人・契丹人・漢人を「漢人《かんじん》」、旧南宋支配下の漢人を「南人《なんじん》」と呼び、低い地位に置いた。こうして元は、遊牧国家から中国国家としての性格を次第に強くしていく。それでも、モンゴル民族に対しては、千戸百戸制を採り、千戸長・百戸長が部族制を基盤として自民族を統

図四　モンゴル帝国の領土と各ハン国

出典：山本英史『中国の歴史〈増補改訂版〉』（河出書房新社）

治した。漢地には行《こう》中書省・行枢密院・行御史台を置いて、地方にはダルガチ（鎮圧官）の武力に基づく分権的統治を行った。

また、フビライは一二七六年、首都の臨安《りんあん》を占領して、事実上、南宋を滅亡させ、三別抄《さんべつしょう》の乱を機に高麗《こうらい》を滅ぼした。日本には、一二七四年（文永《ぶんえい》の役《えき》）、一二八一年（弘安《こうあん》の役）と二回にわたり軍を派遣したが（元寇《げんこう》）、ジャワと同様、海を越えての遠征には失敗した。

元は、駅伝制（站赤《ジャムチ》）を街道に整備

し、牌符《はいふ》を持つ旅行者に駅・馬を提供した。南北運輸の大動脈である大運河を淮《わい》安《あん》から大都《だいと》（北京）にまで延長し、海路貿易では、東シナ海向けの寧波《ニンポー》、南シナ海向けの泉州《せんしゅう》が、中心的な貿易港として繁栄した。とくに、泉州《ザイトン》の繁盛ぶりは、マルコ＝ポーロに世界第一の開港場であると絶賛されている。また、南宋の会子《かいし》と呼ばれた紙幣を継承し、交鈔《こうしょう》と名付けて紙幣を流通させたが、やがて濫発《らんぱつ》された交鈔は、元の滅亡とともに価値を失った。

文化は、色目人に多かったトルコ系イスラム商人の影響を受けて、ウイグル（回紇）文字からモンゴル文字を作成し、回回《ウイグル》暦法を採用、回回薬物・回回国子監を置いた。また、「パクス＝モンゴリア（モンゴルの平和）」を背景に、東西交渉が活発化して、イブン＝バットゥータは大都を訪れて『三大陸周遊記《さんたいりくしゅうゆうき》』を著し、マルコ＝ポーロは『世界の記述《せかいのきじゅつ》』を残している。そうした中で、蔑視された漢族の知識人は、元曲《げんきょく》と呼ばれる雑劇を制作し、『漢宮秋《かんきゅうしゅう》』などの作品を著している。

こうした中で最も有名なものが、ヴェネツィアの商人であるマルコ＝ポーロの著した『世界の記述（東方見聞録《とうほうけんぶんろく》）』である。そこには、「パクス＝モンゴリア」を契機とする東西文化の交流が描き出されている。『東方見聞録』と言えば、黄金の国ジパング伝説が有名であるが、マルコ＝ポーロにとって日本は未踏の地で、その記述は伝聞に過ぎない。これに対して、彼が直接仕えたフビライ＝ハンについては、その行動が詳細に伝えられる。フビライ＝ハンは、信仰の中心であったチベット仏教だけではなく、キリスト教・イスラム教・仏教・ユダヤ教を保護していたという。多くの民族を支配するために、それぞれの宗教を保護したのであった。

「パクス＝モンゴリア」のもと、東西文化の融合は進展した。イスラムの暦法は、日本にも伝わった郭守敬《かくしゅけい》の「授時暦《じゅじれき》」に大きな影響を与え、中国の絵画は、イル＝ハン国を媒介としてイランのミニアチュール（細密画）に影響を与えた。

中国伝統の儒学は不振で、士大夫は戯曲《ぎきょく》（元曲・雑劇）を著した。元初の北曲には、王実甫《おうじっぽ》の『西廂記《せいしょうき》』、馬致遠《ばちえん》の『漢宮秋』があり、後者は前漢の時代、匈奴に嫁いだ王昭君《おうしょうくん》哀話の劇化である。元末明初の南曲では、高則誠《こうそくせい》『琵琶記《びわき》』が有名である。絵画では、北宋の徽宗《きそう》に代表される宮中で描かれる院体画《いんたいが》（北宗画《ほくしゅうが》）は衰退し、南宋の米芾《べいふつ》に代表される文人画（南宗画《なんしゅうが》）が盛んとなり、黄公望《こうこうぼう》ら四大家が現れた。

中央政府の財源は、「古典中国」の中央集権的官僚制度を規範としなかった元では、全国的な租税の徴収がままならず、塩の専売による利益を国家収入の過半とした。また、漢人（旧金支配下）、南人（旧南宋支配下）の反発は、各地のダルガチ（鎮圧官）が対処した。こうした統治は百年ともたず、弥勒菩薩《みろくぼさつ》の下生《げしょう》による救済を説く仏教の白蓮教《びゃくれんきょう》は、河北の韓山童《かんざんどう》・韓林児《かんりんじ》を中心に白蓮教徒の乱を起こす。この中より、朱元璋《しゅげんしょう》が現れて、元を北に追い、明《みん》を建国していく。

第五章　近世中国の展開（明清）

明——最後の中華帝国

「近世中国」を完成させた明《みん》は、「古典中国」の完成形である唐《とう》を模範としながらも、社会の発展度合いの相違に応じて修正を施した制度を展開した。明に代わった清《しん》は、満州《まんしゅう》族の国家でありながら、中華帝国として振る舞い、中国史上の最大領土を築きあげていく。共に朱子学《しゅしがく》を官学として、朱熹《しゅき》が集大成した「近世中国」の規範の実現を目指した国家であると言えよう。

明を建国した洪武帝《こうぶてい》は、南京《ナンキン》を首都として、令外《りょうげ》の官が多かった宋《そう》ではなく、唐の国制を改良しながら明の国制を整えた。これに対して、靖難《せいなん》の変《へん》で権力を握った永楽帝《えいらくてい》は、北京《ペキン》を首都として、モンゴルに五度にわたって親征し、チベットを影響下に置き、ヴェトナムの征服を目指し、鄭和《ていわ》に南海大遠征を命じるなど、元《げん》のフビライにも似た対外政策を展開する。こうした永楽帝の外政に、元の影響を指摘する見解もあるが、ヴェトナムは朝貢《ちょうこう》で決着し、鄭和も植民地化や貿易を目的とせず、朝貢を求めた。すなわち、永楽帝の対外政策は、「近世中国」の「華夷《かい》」思想に基づくと考えることができるのである。

「古典中国」の「華夷」思想は、華夏《かか》（中華）と夷狄《いてき》との相違は、華夏の文化を有するか否かにあるという『春秋公羊伝《しゅんじゅうくようでん》』の華夷思想を基本に、獣のような夷狄は常に華夏の下に置かれるべきとする『春秋左氏伝《しゅんじゅうさしでん》』の華夷思想をも含むものであった。南宋《なんそう》の朱熹は、華北を支配する女真《じょしん》族の金《きん》に南宋が臣従させられるという国際状況の中で、「華夷の弁《べん》」（華夷の別）を強く主張し、夷狄を人と禽獣《きんじゅう》の間の存在と位置づけた。

清の雍正帝《ようせいてい》は、反満思想に対しては、「文字《もんじ》の獄」と呼ばれる強圧策で臨む一方で、『大義覚迷録《たいぎかくめいろく》』を刊行し、『春秋公羊伝』を引用しながら、中華文化を受け入れている雍正帝をはじめとする満州族が、夷狄ではなく中華であることを立証した。雍正帝の「古典中国」への理解力の高さが分かろう。こうして清は、皇帝自らが「華夷」についての論説を公刊することで、中華帝国であることを天下に宣言したのである。

明と漢族の復権

元は、中国史上において、最も中華文明を尊重しない国家であった。したがって、元を打倒した明は、中華文明の復興を目指した。

一三六八年、明を建国した朱元璋《しゅげんしょう》は、貧農の出身で、民衆道教である白蓮教《びゃくれんきょう》を母体とする紅巾《こうきん》の乱の一部将として、江南を勢力基盤に成長した。首都を南京《ナンキン》に定め、元を北に追って、中央集権国家を再編していく。皇帝になった洪武帝《こうぶてい》は、白蓮教を捨て、朱子学《しゅしがく》を官学として、儒教の六つの徳目をまとめた六諭《りくゆ》を発布して、里老人《りろうじん》に唱えさせ、朱子学に基づき「近世中国」を復興していく。

中央では、中書省《ちゅうしょしょう》を廃止して六部《りくぶ》を皇帝の直轄にし、親政により皇帝の意向が官僚制度の隅々にまで届くようにした。組織を維持するための法制度は、唐を模範に明律《みんりつ》・明令《みんれい》を整備した。元の時に一時廃止されていた科挙も復活した。そして、統治の要となる郷里社会には、百十戸を単位とする郷村統治制度である里甲《りこう》制《せい》を施行し、里長《りちょう》戸となるべき富戸十戸の郷里社会における勢力を利用しながら、中華帝国の支配を再建した。図付きの土地台帳である魚鱗図冊《ぎょりんずさつ》、戸籍である賦役《ふえき》黄冊《こうさつ》の作成は、秦漢帝国以来、「古典中国」が目指していた個別人身的支配への指向であると考えてよい。

しかし、秦漢・隋唐帝国のような一人ひとりの直接的な支配は、形勢戸―佃戸制を黙認する「近世中国」では不可能である。里甲制において、富者の里長戸と一般の甲首戸《こうしゅこ》を分けたのは、実際に存在する貧富の差の容認である。さらに、民戸よりも下に、兵役を負担する代わりに租税を免除する軍戸《ぐんこ》を置く衛所制《えいしょせい》という軍事制度を組織化したのも、社会の階層分化への対応であった。

洪武帝が内政に専念するなかで、モンゴルとの戦いを一手に担っていたのは、四男の燕《えん》王朱棣《しゅてい》であった。洪武帝が崩御すると、長男の子である建文帝《けんぶんてい》（恵帝）

が即位する。一四〇二年、朱棣は、靖難《せいなん》の変により甥の建文帝を打倒して、永楽《えいらく》帝《てい》として即位し、北平に遷都して北京と改称した。

永楽帝は、「五出三犂《ごしゅつさんり》」（五たび長城を出て三たび勝利）と呼ばれるモンゴルへの親征によりタタール部・オイラート部を撃破し、チベットを影響下に置き、ヴェトナムの征服を目指した。そして、イスラム教徒の宦官である鄭和《ていわ》に、七回（うち一回は永楽帝の死後）南海大遠征《なんかいだいえんせい》を行わせて、諸国に朝貢《ちょうこう》を求めた。遠方の国家から中華の徳を慕って朝貢に訪れるものが多ければ多いほど、明が中華帝国として正統であることを示すためである。六十二隻、二万七千人（第一次）の大艦隊を率いた鄭和は、東アフリカのマリンディまで到達し、麒麟を朝貢として持ち帰るなど、中華の威光を夷狄に示した（図一）。「古典中国」の冊封体制《さくほうたいせい》を拡大し、「近世中国」である明が中華の正統であることを誇示したと考えてよい。

しかし、永楽帝の死後、明は海禁（鎖国）政策に転じたこともあり、北虜《ほくりょ》に加えて南倭《なんわ》の侵入に苦しんだ。一四四九年、オイラート部のエセン＝ハンは、正統《しょうとう》

図一　鄭和の南海大遠征

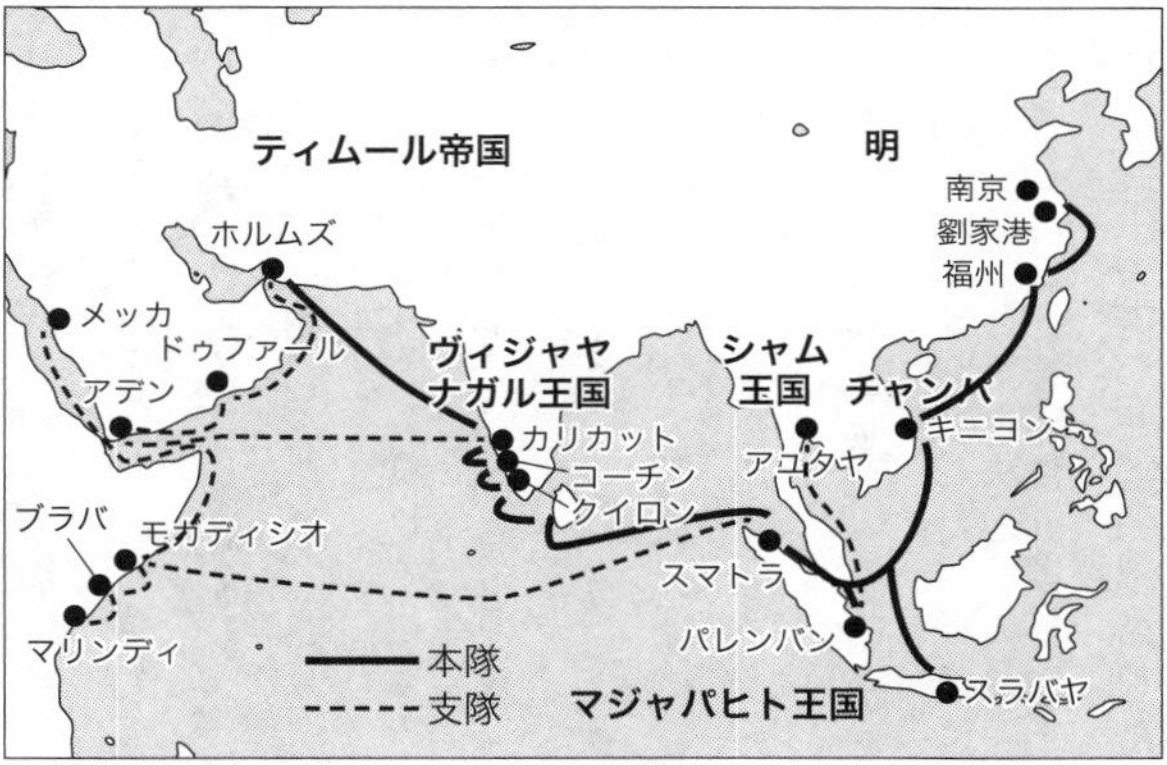

出典：『資料中国史―前近代編―』（白帝社）

帝《てい》を捕虜とする土木《どぼく》の変を起こした。今に残る明の長城《ちょうじょう》は、このときから改修が始められた。タタール部のアルタン＝ハンも、和議が結ばれるまで連年侵入を繰り返した。南倭と呼ばれた倭《わ》寇《こう》のうち、一四世紀に日本人が主体となり、高麗《こうらい》を侵略した前期倭寇は、室町幕府の禁止により下火になった。明を苦しめたのは、一六世紀の後期倭寇で、海禁に不満を持つ中国人を含む倭寇は、一五五五年には嘉靖《かせい》の大倭寇を起こしたが、明の海禁解除と豊臣秀吉《とよとみひでよし》の日本統一により下火になっていく。

一六世紀の後半、神宗万暦帝《しんそうばんれきてい》の宰相である張居正《ちょうきょせい》は、一条鞭法《いちじょうべんぽう》の全国への普及を中心とする改革を行い、明を建て直す。唐より続く両税法《りょうぜいほう》は、項目が多岐にわたり、不公平が進んでいたので、一条鞭法はそれを一本化し、課税対象を土地に絞って銀《ぎん》により納税させた。地方に強い勢力を及ぼしていた郷紳《きょうしん》は、所有地を隠していたので、丈量《じょうりょう》（検地）によりそれを摘発した。すべての民の平等を目指した「古典中国」の「井田」とは異なり、社会の貧富の差を認めながらも、なお「井田」の理想に近づけていこうとする「近世中国」の「井田」をここに見ることができよう。こうして張居正は、財政を再建し、アルタン＝ハンと和議を結び、明を中興した。

しかし、張居正の死後、宦官の魏忠賢《ぎちゅうけん》が台頭し、東廠《とうしょう》（宦官の秘密警察）を使った秘密政治を展開した。これに対して顧憲成《こけんせい》の東林書院《とうりんしょいん》を中心に知識人が宦官を批判したことを機に、東林派・非東林派の党争が始まり、政治は混乱する。そこに、豊臣秀吉が朝鮮に出兵したため、明は宗主国として李氏朝鮮を援助して財政難に陥る。一六一九年、後金《こうきん》のヌルハチが女真《じょしん》軍を率いて南下すると、サルフの戦いで明は大敗した。こうした中、李自成《りじせい》が乱を起こし、張献忠《ちょうけんちゅう》と協力しながら北京を占領すると、一六四四年、崇禎帝《すうていてい》は自殺して、明は滅亡した。

明の社会と文化

明では、宋より大土地所有を展開してきた形勢戸《けいせいこ》の勢力が拡大し、城居《じょうきょ》地主（不在地主）も増加していく。かれらを郷紳《きょうしん》と呼ぶ。厳しく支配された佃戸《でんこ》は、鄧茂七《とうもしち》の乱のように、国家支配に対してではなく、郷紳への租を払わないための抗租《こうそ》と呼ばれる反乱や奴隷反乱である奴変《ぬへん》も起こされた。

米作の中心は、宋の長江下流域から、米の二期作が可能である長江の中流域、すなわち華中・華南に移り、「湖広《ここう》熟すれば天下足る」と言われるようになった。米だけではなく、商品作物である茶や綿花の栽培も普及する。このため、江南では、綿織物や絹織物のマニュファクチュア（工場制手工業）が進展した。

また、商業の発達に伴い、特定の地域の商人が大きな力を握っていき、安徽省《あんきしょう》出身の新安《しんあん》商人や山西《さんせい》省出身の山西商人を中心に、同業者・同郷者の相互扶助機関である会館《かいかん》や公所《こうしょ》が各地に設けられた。貨幣としては、石見《いわみ》で取れる日本銀、スペイン人がメキシコで取る墨銀《ぼくぎん》（洋銀）が大量に流入し、銀納の一条鞭法《いちじょうべんぽう》を施行する前提となった。

明の文化は、「華夷《かい》の弁」を強く説く朱子学《しゅしがく》を官学にしたように、国粋的・復古的性格を特徴とする。永楽帝《えいらくてい》は、『性理大全《せいりたいぜん》』・『四書大全《ししょたいぜん》』・『五経大全《ごきょうたいぜん》』を編纂させ、科挙《かきょ》のために朱子学に基づく経書解釈を定めた。しかし、これにより朱子学は形式化し、南宋《なんそう》の陸九淵《りくきゅうえん》の説を継承して朱子学を批判し、心の中にこそ理があるという心即理《しんそくり》、知識は行動になって始めて意味を持つという知行合一《ちこうごういつ》を主張する王守仁《おうしゅじん》（王陽明）の陽明学《ようめいがく》が普及していく。明末の陽明学者である李卓吾《りたくご》（李贄《りし》）は、『焚書《ふんしょ》』を著し、反権威主義と合理主義から、男女平等や商人の利益の尊重を主張し、商人たちの厚い支持を得た。

また、文化の実用性が尊重され、薬学を集大成した李時珍《りじちん》の『本草綱目《ほんぞうこうもく》』や産業技術の解説書である宋応星《そうおうせい》の『天工開物《てんこうかいぶつ》』、農書を集大成し西欧の技術も紹介した徐光啓《じょこうけい》『農政全書《のうせいぜんしょ》』といった実学が発達した。徐光啓は、アダム＝シャールの協力により西欧天文学を紹介する『崇禎暦書《すうていれきしょ》』を著し、マテオ＝リッチは、中国最初の世界地図である「坤輿万国全図《こんよばんこくぜんず》」、ユークリッド幾何学の翻訳書である『幾何原本《きかげんぽん》』を著して、西欧の学問を紹介した。

さらに、明の文化を特徴づけるのは大衆性である。木版印刷も盛んに行われ、書籍の流通が活発となった。そうした文化の大衆化を象徴するものが、白話（口語）で書かれた小説の流行である。「四大奇書《よんだいきしょ》」と呼ばれる『水滸伝《すいこでん》』『三国志演義《さんごくしえんぎ》』『西遊記《さいゆうき》』『金瓶梅《きんぺいばい》』は、中国を代表する長編小説である。『水滸伝』は北宋《ほくそう》末の徽宗《きそう》朝に梁山泊《りょうざんぱく》で活躍した百八人の豪傑の物語であり、『三国志演義』は三国時代の英雄の活躍を蜀漢《しょくかん》を正統に描いたものであり（図二）、『西遊記』は玄奘《げんじょう》

図二　三国志演義

（三蔵法師《さんぞうほうし》）の訪印を題材としたものである。これら三者は、宋代以来語り物などで知られていた多くの伝承説話が、明代に長編にまとめられたものである。これに対して、人情小説である『金瓶梅』は、舞台こそ宋代に設定されているが、明末社会の実状を描いたものである。これら白話小説の作者は知識層であったが、読者の大きな部分が庶民によって占められ、その嗜好が反映していることは、多くの挿絵が刷り込まれていることに現れている。

清の隆盛

満州《まんしゅう》族の建国した清《しん》は、元とは異なり中国文明を尊重して、最後の「中華帝国」となった。

清を建国したのは、ツングース系の建州女真《けんしゅうじょしん》である。ヌルハチは、満州（マンジュ）諸部族を統一して、一六一六年に後金《こうきん》を建国した。その後、分割政策で女真を抑えてきた明への「七大恨《しちだいこん》」を発表し、満州八旗《はっき》を創設する。一六一九年、ヌルハチは、サルフの戦いで明軍を撃破する。太祖《たいそ》ヌルハチを継いだ太宗《たいそう》ホンタイジは、内モンゴルのチャハル部を征服すると、一六三六年国号を清と改称した。翌年には李氏朝鮮《りしちょうせん》を属国化したが、万里の長城は越えられなかった。

世祖順治《せいそじゅんち》帝《てい》は、一六四四年、明の降将呉三桂《ごさんけい》の協力により長城を越えた。明の遺臣は、弘光帝を擁立して南明を建国し、雲南省に逃れ抵抗した。それを助けた鄭成功《ていせいこう》は、台南のゼーランディア城よりオランダ人を駆逐して、鄭氏台湾を建国し、永明王を援助して朱姓を授かった。

一六六一年に即位した康熙帝《こうきてい》は、聖祖《せいそ》の廟号が示すように、「中国史上第一の名君」といわれる。清の中国支配に協力した明の降将である呉三桂・尚可喜《しょうかき》・耿《こう》継茂《けいも》は、それぞれ雲南《うんなん》・福建《ふっけん》・広東《かんとん》に封建され「三藩《さんぱん》」と呼ばれた。その強大化を嫌った康熙帝は、廃藩令を出し、それに反発した三藩の乱を鎮圧した。鄭氏台湾の鄭経《ていけい》が、三藩の乱に乗じて大陸に反攻すると、康熙帝はこれを撃破し、一六八三年、鄭氏台湾を平定して、中国の統一を完成した。さらに、ロシアのピョートル一世がシベリアから南下すると、これを撃退し、一六八九年にネルチンスク条約を締結して、アルグン川・スタノヴォイ山脈（外興安嶺）を国境線とした。そして、モンゴルのジュンガル部に親征し、ガルダンを撃破したのである。

内政では、康熙五十年の人口を上限とし、それ以上の人頭税を賦課しないことを定めた盛世滋生人丁《せいせいじせいじんてい》を基礎に、人にかかる税（丁税《ていぜい》）を土地にかかる税（地《ち》税《ぜい》）に繰り入れ、人頭税を廃止し、土地所有者のみに課税する地丁銀《ちていぎん》を施行した。

こうして土地をもたない者は税金を免除されるに至ったのである。

そもそも清は、元と同じく全中国を支配した「征服王朝」でありながら、元とは対照的に「近世中国」を尊重した。もちろん、弁髪《べんぱつ》を強制して漢族の民族意識を弾圧したが、明と同様に科挙を実施し、満漢偶数官制《まんかんぐうすうかんせい》を敷いて、重要な官職は満州族と漢民族を同数で併用した。現在も北京には、清の皇帝が天を祀った天壇公園が残る（図三）。また、大編纂事業を行い、漢族の知識人を総動員して、当時の中国にあるすべての書物を集めた「四庫全書《しこぜんしょ》」や漢字辞典の集大成である『康熙字典《こうきじてん》』を作り上げた。中華文明は、清に至り北方民族のエネルギーと漢族の文化が融合して集大成され、世界で最も高い文明を誇るに至った。ルイ十四世が派遣したイエズス会士のブーヴェは、『康熙帝伝《こうきていでん》』を著し、ルイ十四世と対比しながら、康熙帝の治世を賛美した。これを機にフランスでは、シノロジーと称される中国学が勃興し、ヴォルテールをはじめ、多くの思想家が中国を賛美し、「近世中国」は西欧の模範ともなったのである。

図三　天壇公園

康熙帝を受け継いだ雍正《ようせい》・乾隆《けんりゅう》帝までの百三十五年間は「康熙・乾隆時代」と呼ばれ、中華帝国の最盛期となった。康熙帝に続く雍正帝は、文字《もんじ》の獄《ごく》や禁書《きんしょ》を行い反満思想を取り締まり、『大義覚迷録《たいぎかくめいろく》』を刊行して、清が中華であることを天下に宣言した。また、満漢偶数官制には該当しない軍機処《ぐんきしょ》を設置し、満族出身の軍機大臣《ぐんきだいじん》を置いて軍事・行政の最高機関とし、地丁銀を全国に普及させた。さらに、孔子廟《こうしびょう》や祖先の祭祀を認めるか否かで起こった典礼《てんれい》問題を機に、キリスト教の布教を禁止するなど、厳格な統治により支配のタガを締めなおした。また、ロシアとはキャフタ条約を締結して、シベリアと外モンゴルとの国境線を確立した。

続く乾隆帝は、モンゴルのジュンガル部を平定して準部《じゅんぶ》（イリ地方のジュンガル部）・回部《かいぶ》（天山南路一帯のウイグル人）を支配し、そこを新疆《しんきょう》と名付けて最大領土を実現し（図四）、満・漢・蒙・回（ウイグル）・蔵《ぞう》（チベット）の五族を支配して極盛期を迎えた。

図四　清の最大領土

出典:『資料中国史―近現代編―』（白帝社）

しかし、乾隆帝の退位を機に白蓮教《びゃくれんきょう》徒《と》が反乱を起こし、清の支配は動揺する。そこに英など欧米諸国が侵略を開始し、「中国近代」が幕を明ける。

清の社会と文化

清では、商業が明代に引き続いて発達し、山西《さんせい》・新安《しんあん》商人が活躍した。さらに、上海《シャンハイ》を中心に金融業を経営する紹興《しょうこう》商人も台頭し、後に蔣介石《しょうかいせき》を支える浙江財閥《せっこうざいばつ》へと成長していく。

海外との貿易は、康熙帝が海禁を解除した後に繁栄した。清の絹・茶・陶磁器を輸出して、とくに輸入するものはなかったので、銀が流入した。これによる好景気が「康熙・乾隆時代」を支えていた。港には明代までの市舶司《しはくし》に代わって、海関《かいかん》が設置された。乾隆帝は、ヨーロッパとの貿易を広州一港に制限し、そこに公行《コホン》と呼ばれる独占商人を置き、広東十三行《カントンじゅうさんこう》が貿易を独占した。英は、一七九二年に派遣したマカートニーを皮切りに、アマースト・ネイピアを使者として、公行の廃止を求めた。しかし、清は貿易は恩恵であって、相手国とは対等ではないという「古典中国」以来の対外関係を主張して、英の使者の主張に耳を貸さなかった。これが、一八四〇年からのアヘン戦争に繋がっていく。

郷里社会では、郷紳《きょうしん》が科挙官僚の母体となり、地域への規制力を確立していた。清朝後期に白蓮教徒《びゃくれんきょうと》の乱や太平天国《たいへいてんごく》の乱が起きると、郷紳は「郷勇《きょうゆう》」を組織し、郷里を軍事力で守り、反乱の平定に務めた。郷紳に対する農民の抵抗として抗租《こうそ》や奴変《ぬへん》は続き、福建《ふっけん》省・広東《カントン》省出身者は、東南アジアなど海外へ移住し、華僑《かきょう》と呼ばれた。

清の文化の特徴は、朱子学を官学化したような「近世中国」の継承と大編纂事業に象徴される中国文化の集大成にある。百科全書の『古今図書集成《ここんとしょしゅうせい》』、総合地志の『大清一統志《だいしんいっとうし》』、満・漢・蒙・回・蔵の五民族語辞典の『五体清文鑑《ごたいしんぶんかん》』、漢字字書の『康熙字典《こうきじてん》』などは、後者の具体例である。

こうした大編纂事業を代表するものが中国最大の叢書《そうしょ》「四庫全書《しこぜんしょ》」である。乾隆帝が、入手できる限りの書籍を集め、主要な三千四百五十七部を一定の書式に従って筆写させ、自己の蔵書としたもので、経・史・子・集の四部に分類し保管されたので、四庫の名がある。総字数は約九億字といわれる。「四庫全書」は、北京紫禁城《しきんじょう》内の文淵閣《ぶんえんかく》をはじめ、合計七セット作られた。各書の巻首には著作者の小伝、書物の内容、その価値などを解題としてつけ加える。これを集めた目録が、『四庫全書総目提要』二百巻である。この分類は単なる書物の分類ではなく、漢代以来の中国目録学の集大成であり、また現存する書物による中国学術の体系的な分類、一言でいえば「中華」の集大成なのである。

第六章　近代中国（中華民国）

「近代中国」

中国は、日本に比べて近代化に遅れた。欧米の国制や文化を受容することが近代化であるならば、その国制や文化に確固とした古典がある国ほど、近代化は困難である。「古典中国」という強固な古典を持つ中国は、欧米化に遅れた。一八四〇～四二年のアヘン戦争の衝撃から、近代化の必要性を認めた中国は、一八六〇年代から「中体西用《ちゅうたいせいよう》」を目指した洋務運動《ようむうんどう》を展開するが、清仏戦争《しんふつせんそう》、さらに一八九四～九五年の日清戦争《にっしんせんそう》に敗退して挫折する。後者の衝撃から始めた一八九八年の立憲君主制《りっけんくんしゅせい》を目指した変法自強運動《へんぽうじきょううんどう》は、西太后《せいたいこう》に踏み潰され、一九一一年の孫文《そんぶん》の辛亥革命《しんがいかくめい》も、共和制《きょうわせい》を目指したが、その成果を袁世凱《えんせいがい》に奪われた。第一次世界大戦中に起きたロシア革命の流れのなかで、一九二一年に結成された中国共《ちゅうごくきょう》産党《さんとう》は、第一次世界大戦中に進められた日本の中国侵略に対抗すべく蒋介石《しょうかいせき》の中《ちゅう》国国民党《ごくこくみんとう》と国共合作《こっきょうがっさく》を行う。日本の敗戦後は、国共内戦《こっきょうないせん》が繰り広げられ、毛沢東《もうたくとう》のもと一九四九年に中華人民共和国《ちゅうかじんみんきょうわこく》が成立する。日本とほぼ同時期に近代化を始めながら、「近代中国」はもがき、苦しみ続けた。

その理由を考えるとき、近代化の中で、どのように「古典中国」と向きあったのかを見つめると、中国の近代化の独自性が見えてくるのではないか。「中体西用」論の「中体」が「古典中国」であることは言うまでもない。孫文の辛亥革命も西欧の社会変革を伴うrevolutionではなく、中国南部各省の「自治」の集合体が孫文の臨時政府であった。魏晋期には国家的身分制としての貴族制を生み出した「封建」は、明末清初には「自治」として語られていた。すなわち、近代化は専制と民主という枠組みではなく、いまだ「郡県」と「封建」という「古典中国」の枠組みの中で考えられていたのである。中国共産党で勢力を拡大する毛沢東は、ロシアのように労働者を組織することよりも、農村の解放を優先した。その人民公社運動《じんみんこうしゃうんどう》は、「古典中国」の「井田」の理想の発露である。

こうした「近代中国」の特殊性に注目したとき、「古典中国」という型を持っていた中国の一見特異に見える「現代中国」のあり方が見えてくるであろう。

アヘン戦争と洋務運動

「康熙《こうき》・乾隆《けんりゅう》時代」と呼ばれる、康熙帝から乾隆帝までの清《しん》の全盛期は、中国史上未曾有《みぞう》の好景気がこれを支えていた。中国からヨーロッパに輸出する茶・陶磁器・絹、中でも茶の輸出が好調で、ヨーロッパから大量の銀が流入していたのである。しかも、乾隆帝は、貿易港を広州《こうしゅう》一港に制限し、さらに公行《コホン》と呼ばれる特権商人に対外貿易を独占させたため、その利益は一手に皇帝のもとに集まった。その際、清は、ヨーロッパと対等な関係で自由な貿易をしたわけではない。「古典中国」で完成した冊封体制《さくほうたいせい》という国際秩序に基づき、貿易とは君主の清に対して、夷狄《いてき》であり臣下の西欧諸国が朝貢《ちょうこう》をすることへの恩恵であった。したがって、イギリスが公行による貿易の独占廃止と自由貿易とを求めて、マカートニーなどの使者を派遣しても、本来的にそうした概念は中国には存在せず、イギリスとの対立が高まっていった。

そこでイギリスは、インド産のアヘンを中国に持ち込み、英の綿織物をインドに売る三角貿易《さんかくぼうえき》を始めた。アヘンの密貿易により、清の貿易赤字は拡大する。道光帝《どうこうてい》は、林則徐《りんそくじょ》を欽差大臣《きんさだいじん》(全権大臣)に任用し、アヘンを没収・破棄して通商を禁止する一方で、アヘンを持ち込まないと約束したフランス・アメリカには通商を許し、武器を購入した。孤立したイギリスは、貿易の自由を主張して、一八四〇~四二年にアヘン戦争を起こす。林則徐は善戦したが、漢人官僚の台頭を満州人貴族が危惧したために左遷され、イギリスは広州を占領した。林則徐により武装されていた広州の民衆は、イギリスの暴虐に対して平英団事件《へいえいだんじけん》を起こしたが、満州人に弾圧された。一八四二年、南京《ナンキン》条約が結ばれ、香港《ホンコン》を割譲し、厦門《アモイ》・上海《シャンハイ》・広州《こうしゅう》・福州《ふくしゅう》・寧波《ニンポー》の五港を開港すること(図一)、公行の廃止と、対等外交の原則を確認し、賠償金を千二百万両《テール》課せられた。なお、アヘン貿易の規定はな

図一　アヘン戦争・アロー戦争・太平天国の乱

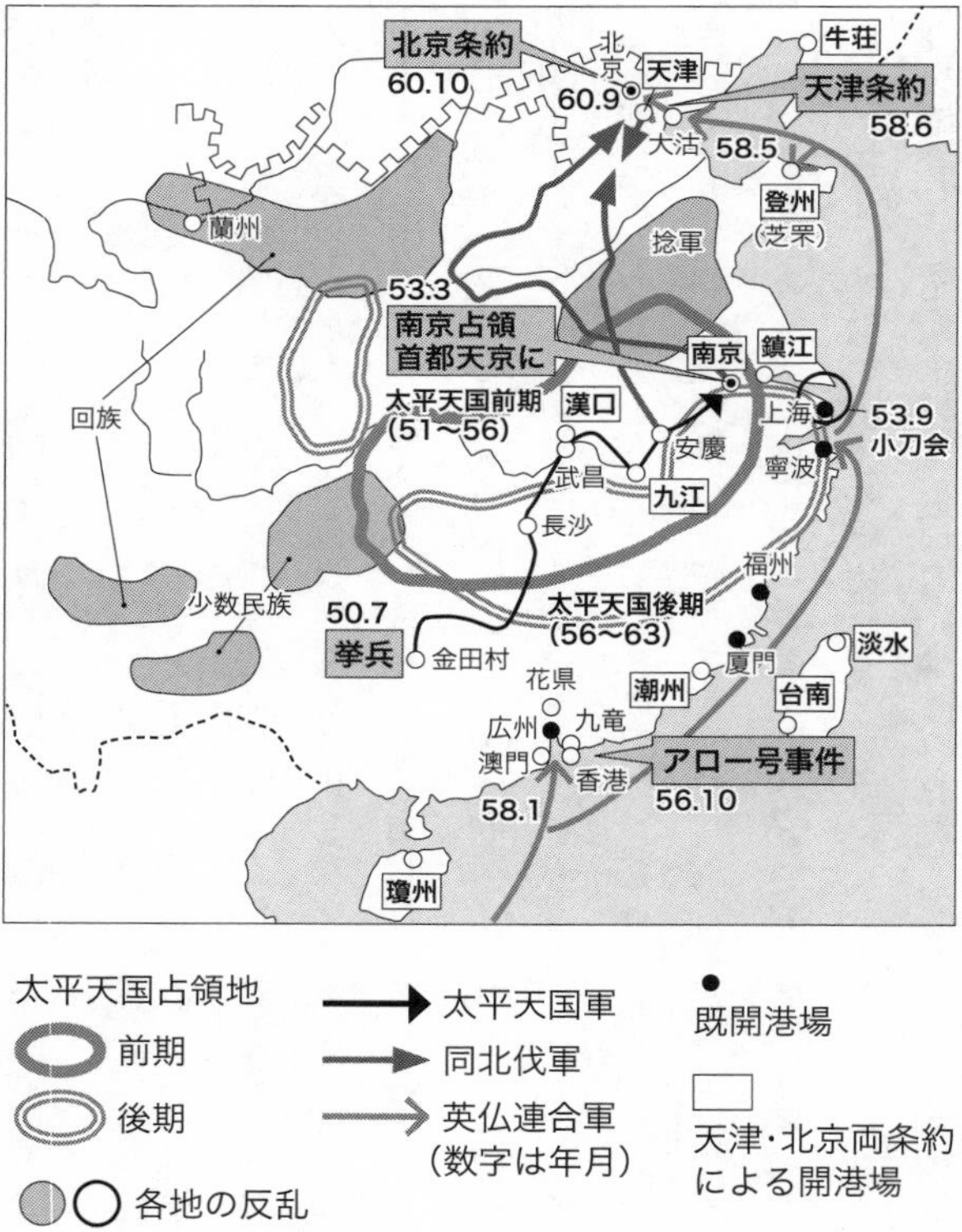

出典：小田切英『すぐわかる中国の歴史 改訂版』(東京美術)

かった。イギリスは翌年、虎門寨《こもんさい》追加条約という不平等条約を結び、五港通商章程によりイギリスに領事裁判権《りょうじさいばんけん》（治外法権）を認めさせ、清の関税自主権《かんぜいじしゅけん》を放棄させ、清が将来第三国に特権を与えた場合、イギリスだけが同様の特権を得る片務的最恵国待遇を認めさせた。開港地には、外国の行政権が行使される租界《そかい》が設けられ、その入り口には「犬と中国人は入るべからず」と書かれたという。さらに清は、フランスには黄埔《こうほ》条約、アメリカには望厦《ぼうか》条約というイギリスと同様の不平等条約を一八四四年に結ばされた。

公行が廃止され、自由貿易が実現しても、イギリスの綿織物は売れなかった。明末以降、中国では綿織物業が発達していたからである。そこでイギリスは、さらなる利権を求めて、一八五六年よりアロー戦争を起こす。イギリスはアロー号臨検事件、フランスは宣教師殺害事件を口実とし、太平天国《たいへいてんごく》の乱の最中で戦えない清に、戦争を強要したのである。一八五八年、天津《てんしん》条約が結ばれ、南京・漢《かん》口《こう》・牛荘《ぎゅうそう》など十港が開港され、外国公使《こうし》の北京駐在、アヘン貿易の公認、キリスト教布教の自由と賠償金六百万両が定められた。

清の咸豊帝《かんぽうてい》が天津条約の批准を拒否すると、イギリス・フランスは戦争を再開して北京を占領、かつてカスティリオーネが設計した円明園《えんめいえん》を破壊した。一八六〇年、清が降伏すると北京《ペキン》条約が結ばれ、天津条約を批准すると共に、天津を開港し、賠償金を八百万両に増額、イギリスに香港の対岸である九竜《きゅうりゅう》半島の一部を割譲することが定まった。清は、北京に外国公使が駐在することに対応して、外交事務を扱う総理各国事務衙門（総理衙門）を設置した。

この間、ロシアは南下政策を推進し、英仏と清の天津条約をムラヴィヨフが仲介したことを理由に、一八五八年にアイグン（愛琿）条約を結び、アムール川〔黒竜江〕を国境線に、アムール地方を領有した。また、一八六〇年には、英仏・清の北京条約を仲介したことを理由に、北京条約を結び、ウスリー江を国境線として、沿海州《えんかいしゅう》を領有した。さらに、一八八一年にはイスラム教徒の反乱を契機に、イリ条約を結び、イリ地方の国境線をロシア有利に改定した。

アヘン貿易による銀の流出は、銀価の高騰を招いた。銀納税制である地丁銀《ちていぎん》制の下では銀価の高騰は増税と同じである。また、天災も頻発して民衆が窮乏する中で、キリスト教系の宗教結社である上帝会《じょうていかい》を組織していた洪秀全《こうしゅうぜん》の勢力が拡大する。洪秀全は、一八五一年、広西省金田村《こうせいしょうきんでんそん》で「滅満興漢《めつまんこうかん》」（清朝を滅ぼして、漢民族国家を建てる）を掲げて挙兵した。一八六四年まで続く太平天国の乱である。アヘンの密貿易で利益を得ていた白蓮教《びゃくれんきょう》系の秘密結社である会党《かいとう》も、アヘン貿易の公然化で利益を失い、これに合流したため、乱は拡大した。李秀成《りしゅうせい》・石達《せきたっ》開《かい》の奮戦もあり、南京を占領すると、天京《てんけい》と称して首都と定め、太平天国を建国して、洪秀全は天王《てんおう》と称した。

太平天国は、女性の足を小さくする纏足《てんそく》や弁髪《べんぱつ》を廃止し、男女平等を主張するキリスト教的平等思想を持つと共に、「古典中国」の「井田」思想を有していた。「天朝田畝制度《てんちょうでんぽせいど》」は、土地を国有・均分して、農民に平等に割り当て、生産物を公有することを説いた。さらに、上海の租界を解放して自主対等外交を主張したことで、当初キリスト教系に好意的であった列強の支持を失った。英のゴードン・米のウォードの指揮する「常勝軍《じょうしょうぐん》」は、曽国藩《そうこくはん》の「湘勇《しょうゆう》」、李鴻章《りこうしょう》の「淮勇《わいゆう》」など郷紳が組織した洋式軍隊と共に太平天国を崩壊させた。

西欧と協力して太平天国を滅した漢人官僚の曽国藩と李鴻章は、左宗棠《さそうとう》らと共に一八六〇〜七〇年代にかけて、洋務運動《ようむうんどう》と呼ばれる「上からの近代化」を推進する。「中体西用《ちゅうたいせいよう》」論のもとに展開された洋務運動は、清朝の専制政治（中体）はそのままにして、西欧の技術だけを用いてそれを補強しよう（西用）という、政体の変革を伴わない「近代」化運動であった。同治帝《どうちてい》の治世に展開された洋務運動は、一時的な平和をもたらし、「同治中興《どうちちゅうこう》」と呼ばれたが、一方で、官僚資本主義・軍閥の成長を促し、民族資本家・没落農民との対立を激化させた。ただし、中国の近代化の基本は、洋務運動期に整備された。

洋務運動は、一八八四〜八五年の清仏《しんふつ》戦争に左宗棠が敗れてヴェトナムへの宗主権を失ったばかりでなく、一八九四〜九五年の日清《にっしん》戦争に李鴻章が敗れて朝鮮への宗主権を失うことで、限界を露呈した。なかでも、洋務運動と同時期に明治《めいじ》維新《いしん》を始め、近代化を目指した日本に敗れたことは、日本にあって中国にないものを求める気運を高まらせた。

日清戦争と変法自強運動

清が日清戦争に敗れると、西欧列強はそれまで「眠れる獅子」と恐れていた清の実態が明瞭になったとして、一八九八年から九九年にかけて中国の領土を分割する。その先駆けは、ロシアが三国干渉により、日清戦争で日本が得る予定であった遼東半島を返還させた代償として、一八九六年に東清鉄道《とうしんてつどう》敷設権を得たことにある。一八九八年には、ドイツが宣教師殺害事件を口実に膠州湾《こうしゅうわん》（青島《チンタオ》中心）を租借し、山東半島を勢力圏とした。ロシアは遼東半島南部の旅順《りょじゅん》・大連《だいれん》を租借し、満州・蒙古を勢力圏とし、イギリスは威海衛《いかいえい》・九竜《きゅうりゅう》半島を租借し、長江

図二　中国分割

- - - - 列強が利権をもつ鉄道　　香港島　列強への割譲地
- - - - 日本が利権をもつ鉄道　　大連　列強が獲得した租借地

出典:『資料中国史―近現代編―』(白帝社)

流域を勢力圏とし、日本は福建省《ふっけんしょう》不割譲条約を結び福建省を勢力圏とした。一八九九年、フランスは広州湾《こうしゅうわん》を租借し、広東・広西・雲南を勢力圏とした（図二）。一方、アメリカは国務長官ジョン＝ヘイが「門戸開放《もんこかいほう》宣言」を出して、中国の門戸開放・領土保全・機会均等を提議し、中国への経済的進出を目指した。

中国分割が進行する中で、光緒帝《こうしょてい》は、公羊学《くようがく》者の康有為《こうゆうい》を登用して、立憲君主制を目標とする変法自強《へんぽうじきょう》運動を開始した。康有為は『孔子改制考《こうしかいせいこう》』を著し、孔子が立憲君主制を肯定していたとして改革を推進し、梁啓超《りょうけいちょう》・譚嗣同《たんしどう》と共に日本の明治維新を模範として、議会政治を基礎とする立憲君主政治を目指した（戊戌《ぼじゅつ》の変法《へんぽう》）。天皇を奉じて立憲君主制を明治維新と共に実現し得た日本と比べて、孔子を持ち出す必要があるところに、「古典中国」の規制力の強さと近代化の難しさを見ることができよう。

西太后《せいたいこう》を中心とする保守派は、康有為の政治に協力せず、袁世凱《えんせいがい》の武力を利用して光緒帝を幽閉する（戊戌の政変）。譚嗣同は処刑され、康有為・梁啓超は日本に亡命して、変法自強運動は挫折した。

そのころ、反キリスト教の仇教《きゅうきょう》運動から発展した義和団《ぎわだん》は、清を助けて西欧を滅ぼす「扶清滅洋《ふしんめつよう》」を掲げて北京に進軍していた。打倒の対象が清から西欧に移されたのは、それだけ西欧の侵略が進んだことを意味する。清の西太后は、これに呼応して列強に宣戦を布告した。だが、日本とロシアを主力とする八ヵ国は、北京に出兵して義和団を平定する。これにより北京議定書《ペキンぎていしょ》が定められ、列強の北京駐兵権と四億五千万両《テール》の賠償金が課せられ、中国の半植民地化はさらに深刻化した。

辛亥革命と文学革命

この間、孫文《そんぶん》は、一貫して清の打倒を目指していた。一八九四年には、日清戦争の影響を受けて、ハワイで華僑《かきょう》の支援を得ながら興中会《こうちゅうかい》を組織し、一九〇五年には、日露戦争の影響を受けて、東京で犬養毅《いぬかいつよし》の支持と留日学生の参加を得て中《ちゅう》国同盟会《ごくどうめいかい》という革命結社を組織した。孫文は、駆除韃虜《くじょたつりょ》・恢復中華《かいふくちゅうか》・創立民国《そうりつみんこく》・平均地権《へいきんちけん》の四大綱領を掲げ、前二者を民族主義とすることで、三民主義《さんみんしゅぎ》という革命綱領をまとめあげる。すなわち、民族主義は、民族の独立で満州人の清を打倒し、漢民族国家を建設する。民権主義は、民権の伸張で君主政を廃止し、共和政を樹立する。民生主義は、民生の安定のため平均地権、すなわち地価騰貴分を政府に納めさせ、民生の安定を図るというものであった。

清朝もまた、日露戦争の影響を受けて最後の改革をしていた。『勧学篇《かんがくへん》』を著し、日本への留学を説いていた張之洞《ちょうしどう》は、一九〇五年、科挙《かきょ》を廃止して官僚の近代化を図った。また、新軍《しんぐん》を育成し、洋式軍隊を設立した。そして、一九〇八年には、憲法大綱《けんぽうたいこう》を発布して、国会開設を公約し、一九一一年には軍機処《ぐんきしょ》を廃止して、責任内閣制《せきにんないかくせい》を樹立した。しかし、一九〇八年に光緒帝と西太后が没した後からは、満人貴族の専権が続き、人心は離反していた。

一九一一年、四国借款団《しこくしゃっかんだん》（英・米・独・仏）からの外資を導入して、粤漢《えつかん》・川《せん》漢《かん》鉄道などの幹線鉄道の国有化を清が発表すると、それが官僚の私腹を肥やす借款であり、すでに投下された民族資本と競合することから、四川保路同志会が四《し》川暴動《せんぼうどう》を起こした。それに呼応して、湖北新軍《こほくしんぐん》が武昌《ぶしょう》で蜂起すると、新軍総統の黎元洪《れいげんこう》は、武漢三鎮《ぶかんさんちん》で独立し、一ヵ月後までに南中国の十四省が独立を宣言した。一九一一年が辛亥《しんがい》の歳であるため、これを辛亥革命と呼ぶ。亡命先のハワイから帰国した孫文は、一九一二年に、中華民国《ちゅうかみんこく》の建国を南京《ナンキン》で宣言し、臨時大総統《りんじだいそうとう》の地位に就いた。革命は清の打倒ではなく、省の独立として達成された。省の自治や独立は、明清以降、「郡県」に対して「封建《ほうけん》」という概念で説明される。「古典中国」の政治体制の概念が、ここでも用いられているのである。

北中国を支配する清は、北洋軍《ほくようぐん》を率いる袁世凱《えんせいがい》に中華民国の鎮圧を命じたが、袁世凱は、臨時大総統の委譲を条件に、孫文と密約して宣統帝溥儀《せんとうていふぎ》を退位させ、ここに清は滅亡した。袁世凱が臨時大総統に就任するなか、孫文は、臨時約法《りんじやくほう》を制定して、袁の独裁を防ごうとし、国民党《こくみんとう》を結成して選挙に備えた。選挙は国民党が勝利したが、袁世凱は議会を無視して独裁を続けた。一九一三年、江西《こうせい》省の李烈鈞《りれつきん》を中心に、第二革命を起こすが敗退し、孫文は亡命する。袁世凱は、大総統選挙法により正式に大総統に就任し、国民党を解散させた。そして、臨時約法に比べ大総統の権限が強大な中華民国約法を制定する。孫文は、一九一四年、東京で革命的秘密結社を再編し、中華革命党《ちゅうかかくめいとう》を結成する。一九一五年には、袁世凱の帝政計画に反対して、雲南《うんなん》省の唐継尭《とうけいぎょう》を中心に第三革命を起こすが、失敗した。袁世凱は、病気と列強の反対のため、帝政を取り消し、一九一六年に没する。中国の支配者で、最後に天を祀ったのは、袁世凱である。「古典中国」を形成した王莽《おうもう》が定めた天の郊祀は、ここで終焉を迎える。

安徽《あんき》派の段祺瑞《だんきずい》は、袁世凱の後継者で、西原借款《にしはらしゃっかん》など日本から経済的援助を受けた。これに対して、直隷《ちょくれい》派の呉佩孚《ごはいふ》は、英・米系で、長江流域を基盤とした。また奉天《ほうてん》派の張作霖《ちょうさくりん》も日本系で、満州に自立した。華北で安直《あんちょく》戦争・奉直《ほうちょく》戦争が続くなか、孫文は一九一七年、広東軍政府《カントンぐんせいふ》を樹立した。その実力は小軍閥の長であったが、蒋介石《しょうかいせき》を校長に黄埔軍官学校《こうほぐんかんがっこう》を設立し軍人を養成した。

この間、一九一四年から起こった第一次世界大戦により、西欧が中国より撤退すると、日本の大隈重信《おおくましげのぶ》内閣は、一九一五年、山東半島のドイツ権益の継承、関東州の租借期限・南満州鉄道の権益期限の延長など南満州・東部内蒙古における権益の期限延長・強化、漢冶萍煤鉄公司《かんやひょうばいてつこうし》の日華合併など中国本土における利権の拡大を求めた「対華二十一ヵ条要求」を袁世凱政府に受諾させた。孫文の革命にもかかわらず、中国の状況は、清朝統治下よりも悪化していた。

これらの原因を中国人の意識に求め、その改革を目指したものが、蔡元培《さいげんばい》を総長とする北京大学である。京師大学堂《けいしだいがくどう》を前身とし、一九一二年に設立された北京大学では、陳独秀《ちんどくしゅう》を中心に文学革命《ぶんがくかくめい》が起こり、また早稲田大学への留学より帰国した李大釗《りたいしょう》によりマルクス主義研究会が作られ、毛沢東《もうたくとう》も参加した。

中国に不足するものを「民主と科学」であると考えた陳独秀は、雑誌『新青《しんせい》年《ねん》』を刊行し、ルソーの『社会契約論』などを翻訳して掲載した。また、胡適《こてき》は、『新青年』に「文学改良芻議《ぶんがくかいりょうすうぎ》」を発表して、形骸化した文語文にかわって俗語・俗字を使用し、「今日の文学」を作ろうとした。ついで、陳独秀が「文学革命論《ぶんがくかくめいろん》」を発表して呼応するに及び、文学革命は時代の合言葉となった。

文学革命に最初の実体を与えたのは、魯迅《ろじん》の短編『狂人日記《きょうじんにっき》』であった。狂人の心理を借りて、半封建・半植民地の現実を鋭く暴いたこの小説は、新しい近代文学の形式と内容を中国文学の世界に切り開いた。「人が人を食う」封建的儒教秩序の欺瞞性を鋭く暴き、人間解放の悲痛な叫びを上げたのである。代表作とされる『阿《あ》Q正伝《せいでん》』では、その場その場で都合のよい理屈をもち出して自分の敗北をごまかす阿Qの「精神勝利法」を描いた。儒教によって定着させられた強い者には従う「奴隷根性《どれいこんじょう》」こそ中国民族の病いであるとし、民族の覚醒を願って魯迅は戦い続けた。なお、儒教、すなわち「中華」の象徴が、中国で再評価されるのは、一九八〇年代以降、つまり近代化の一応の完了を待たなければならなかった。

近代化とは、自らの文化価値を横に置いて、西欧化を進めることである。そのため儒教に代表される「中華」文化、そして「古典中国」は、近代化の達成後に、自らのアイデンティティーとして見直されることになる。

こうして民衆の意識改革を進めた結果、中国は第一次世界大戦に連合国側に立って参戦し、アメリカ大統領のウィルソンが「十四ヵ条の平和原則」の中で民《みん》族自決《ぞくじけつ》を主張すると「対華二十一ヵ条要求」の取り消しを訴えた。しかし、一九一九年のパリ講和会議で、中国の主張が無視されると、ヴェルサイユ条約反対、日本排斥を掲げた五《ご》・四運動《しうんどう》が、北京大学の学生を中心に開始された。段祺瑞《だんきずい》内閣がこれを弾圧すると、運動は全国の学生・商人・労働者・農民に波及し、段祺瑞はヴェルサイユ条約の調印を拒否し、親日派の要人である曹汝霖《そうじょりん》らを罷免した。

五・四運動の高まりを見た孫文は、自らの革命が清朝の打倒のみを目標とし、民衆の解放を目標としなかったことを反省した。そこで孫文は、一九一九年、資本家だけではなく、民衆にも開かれた政党として中国国民党《ちゅうごくこくみんとう》を結成し、中国革命を目指した。具体的には、中国民族の解放を目標とする民族主義、民衆が選挙・罷免・立法・法律改廃の四権を持つ民権主義、資本節制により独占資本の横暴を抑え民族資本の育成を図る民生主義、という新しい三民主義の実現を目標としたのである。五・四運動の影響で、孫文の革命理論は大きく進展する。

また、一九二一年には、陳独秀を委員長に、李大釗の尽力により中国共産党が上海で結成され、コミンテルン（第三インターナショナル。ロシアを中心とする国際共産主義運動の指導組織）に加入している。

国民党と共産党

孫文は、軍閥の割拠、日本や西欧の侵略という困難な状況の中で、中国革命を実現する手段として、共産党との連携を模索した。一九二三年には、コミンテルンのヨッフェと会談し、国共合作《こっきょうがっさく》とコミンテルンのボロディンを国民党の顧問へ招聘《しょうへい》することなどを確認した。一九二四年には中国国民党第一回全国代表大会で、「連《れん》ソ・容共《ようきょう》・扶助工農《ふじょこうのう》」の三大方針を確認し、共産党員が個人の資格で国民党に入党する第一次国共合作を行い、中国国民党を民族資本家の政党から、労働者・農民と結びついた反帝・反軍閥の大衆政党へと変貌させた。しかし、孫文は病状が悪化し、「革命未《かくめいいま》だ成《な》らず」の遺言を残して、死去する。清を打倒する辛亥革命は成功したが、孫文は、日本などの列強を駆逐し、封建主義を打破し、割拠する軍閥を無くして中国を統一することを未だ成し遂げていなかったのである。

孫文の遺志を継いだ蒋介石《しょうかいせき》は、中国統一を目指し、一九二六年から諸軍閥への北伐《ほくばつ》を敢行する。国共合作の下、共産党もこれに協力して、広州《こうしゅう》を出発して武漢《ぶかん》を占領し、上海《シャンハイ》・南京《ナンキン》を占領した。国民党左派の汪兆銘《おうちょうめい》と共産党は、広州から武漢に移転して、それを拠点とする。これに対して、国民党右派の蒋介石、および中国を代表する独占資本の浙江財閥《せっこうざいばつ》は、共産党の勢力拡大を嫌った。北伐軍の掠奪に列強が反撃する南京事件が起こると、一九二七年、蒋介石は、上海クーデター（四・一二事件）を起こして共産党を弾圧する。そののち蔣介石は、南京国《ナンキンこく》民政府《みんせいふ》を樹立した。武漢政府の汪兆銘もまた、共産党員を追放して、国民政府に合流し、国共は分離した。

北伐を再開すると、分裂状態の継続を望む日本が、済南《せいなん》事件（第二次山東出兵）を起こして北伐を妨害するが、蔣介石はこれを回避した。北伐軍は、北京を占領し、北京政府の張作霖《ちょうさくりん》軍を打破した。日本は、蔣介石に降伏しようとした張作霖を爆殺する奉天《ほうてん》事件を起こし、子の張学良《ちょうがくりょう》に圧力をかける。しかし、張学良は、蔣介石に帰順して北伐は完了した。一九二八年一二月、中国は統一され、中国国民革命は完成した。

しかし、翌一九二九年から世界恐慌《せかいきょうこう》が起こると、恐慌からの脱出を満州《まんしゅう》・蒙古《もうこ》の領有に求める日本は、「満蒙生命線《まんもうせいめいせん》」論を掲げて、中国への侵略を本格化させていく。

日中戦争

清が滅亡した後、最後の皇帝である溥儀《ふぎ》を保護していた日本は、満州族が満州に自らの国家を建設することを助ける、という名目により柳条湖《りゅうじょうこ》事件を機に満州《まんしゅう》事変《じへん》を起こし、一九三二年に満州国を建国した。国際連盟がリットン調査団を派遣して、これを日本の侵略であると認定すると、一九三三年、日本は国際連盟を脱退し、天皇制ファシズムの形成に努めた。

蔣介石は、共産党の撲滅に全力を注ぎ、日本の侵略への抵抗に熱意を見せず、満州事変の際にも徹底抗戦を禁止した。一方、共産党は、四・一二事件の後、基本方針の対立が見られた。ロシアのコミンテルンは、マルクス—レーニン主義に基づき、労働者を中心として都市での武力蜂起を求めた。一九二七年に、共産軍(のちの紅軍)を率いた朱徳《しゅとく》・周恩来《しゅうおんらい》らは南昌暴動《なんしょうぼうどう》(八・一起義)を起こすが、国民党軍の攻撃で撤退した。南昌撤収軍の一部は、広東《カントン》省の海豊《かいほう》・陸豊《りくほう》両県にソヴィエト政権を樹立するが、国民党の攻撃で崩壊する。これに対して、毛沢東は、土地改革を基礎とする農民運動の展開と革命根拠地（解放区）の建設という中国型の社会主義を目指し、一九二七年、農民蜂起の過程で作られた革命軍を率いて、江西《こうせい》省の井崗山《せいこうざん》に革命根拠地を建設する。毛沢東は、『水滸伝《すいこでん》』などを参考にしたゲリラ戦で国民党軍を撃破する。国民党の包囲攻撃に対しては、一九三一年に、江西省瑞金《ずいきん》に中華ソヴィエト共和国臨時政府を樹立し、華南解放区の統合政権となり、他の共産党軍も合流した。蔣介石が満州事変での日本軍への徹底抗戦を禁止してまで、共産党を攻撃すると、一九三四年、瑞金を放棄して、紅軍は長征《ちょうせい》（大西遷《だいせいせん》）を開始する（図三）。一九三五年、貴州《きしゅう》省の遵義《じゅんぎ》会議で、毛沢東の共産党内での指導権が確立し、八《はち》・一宣言《いちせんげん》を出して、内戦停止と抗日民族統一戦線の結成を全国民に提唱した。

一九三六年には、長征をしてきた紅軍は、陝西《せんせい》省の解放区に到着し、各地の紅軍も合流して、陝西省延安《えんあん》を根拠地としていく。こうした中でも、蔣介石は内戦

図三　長征

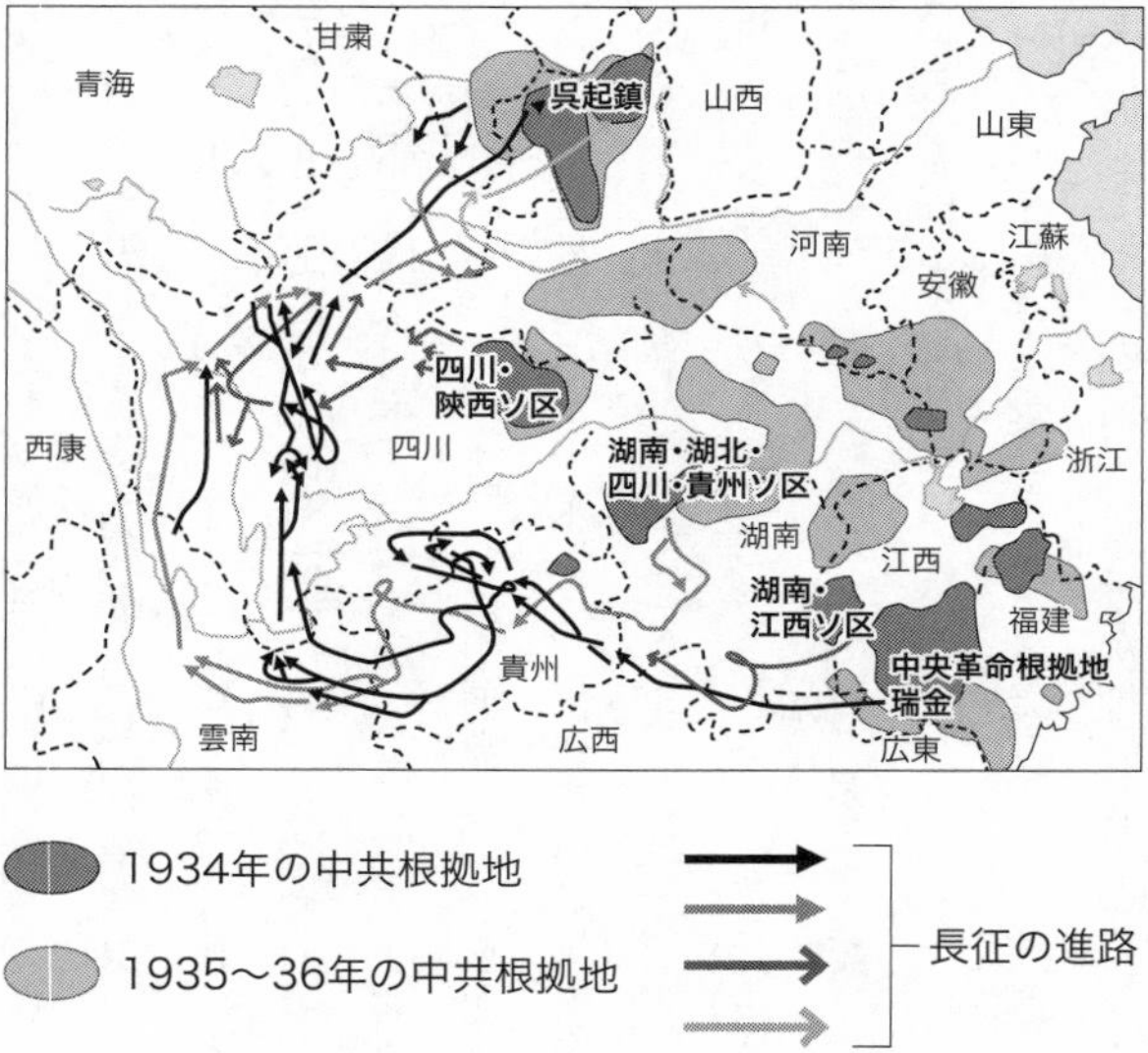

出典：『資料中国史―近現代編―』（白帝社）

を継続し、反日運動を弾圧していた。陝西省の西安《せいあん》にいた張学良《ちょうがくりょう》・楊虎城《ようこじょう》軍は、八・一宣言に共鳴し、蔣介石を監禁して抗日を要求する西安事件を起こした。共産党の周恩来らの説得もあり、蔣介石は抗日を約束して釈放される。

一九三七年、盧溝橋《ろこうきょう》事件を契機に、日中戦争（支那事変）が起こると、第二次国共合作が成立、抗日民族統一戦線が結成されて、日中全面戦争が始まった。日本は首都南京《ナンキン》を占領、南京大虐殺を行った。これに対して、蔣介石は重慶《じゅうけい》に遷都して徹底的に抗戦し、共産党もゲリラ戦を展開したため、日本は「点と線」（都市と鉄道）を支配するに過ぎなくなった。

一九四一年、戦局の打開を目指した日本は、イギリス・アメリカに対して、東南アジア・太平洋戦争を開始して敗退、第二次世界大戦は終了した。その直後、大戦の途中から兵力を温存していた蔣介石は、共産党を打倒するために国共内戦を再開する。蔣介石は、当初は優位に立ったが、民衆の圧倒的な支援を受けた人民解放軍が反撃に転じて、一九四九年に中華人民共和国が成立したのである。

第七章

現代中国（中華人民共和国）

社会主義と「古典中国」

いまや世界第二の経済大国として、アメリカに対抗して「一帯一路」を展開する中華人民共和国。その政策の展開は、毛沢東《もうたくとう》と鄧小平《とうしょうへい》という二人の指導者を中心に把握できる。政策の具体像は、後に述べることにして、ここでは、本書が時代区分の基準とする「古典中国」との関わりを見てみよう。中国の社会主義が、マルクス―レーニン主義と明確に異なる以上、その背景となっている思想があるはずだからである。

毛沢東が共産党の中で頭角を現したのは、地主・富農の土地・財産を没収して貧しい農民に分配するという土地革命を実施していき、コミンテルンの批判を受けながらも、農村の根拠地を拡大していったためである。また、毛沢東の評価が低いのは、農村の合作社《がっさくしゃ》を母体とする大規模な集団化運動である人民公社運動《じんみんこうしゃうんどう》を多数の餓死者が出ながらも推進したためである。いずれの行動も「古典中国」の

「井田」の理想に基づくことは言うまでもない。また、毛沢東思想は大綱として「大公無私《だいこうむし》」(個人の利益より公共の福祉を優先する)を掲げているが、これも儒教の「公」「私」の概念を前提としていることは明らかである。

鄧小平は、「黒い猫でも白い猫でも鼠を捕るのが良い猫だ」と述べたと言われ、改革開放期に、計画経済であれ市場経済であれ資源配分の手段の一つに過ぎず、政治制度とは関係がない、資本主義にも計画はあり、社会主義にも市場はある、生産力の発展に役立つのであれば、実践の中で使用すればよい、と解釈されていく。これは、日本でも翻案された清の小説『聊斎志異《りょうさいしい》』の中で、作者の蒲松齢《ほしょうれい》が述べた評を典拠とする。

また、習近平《しゅうきんぺい》は、演説に古典を引用することで有名であるが、その典拠は儒教文献が四分の一を占め、父の習仲勲《しゅうちゅうくん》が研究した唐代の類書である『群書治要《ぐんしょちよう》』を典拠とすることも多いという。

現代中国を理解するためには、二千年の伝統を持つ「古典中国」の理解が必要なのである。

毛沢東と中華人民共和国の成立

毛沢東《もうたくとう》は、創設時より共産党に加入していたが、その地位は低かった。すでに社会主義を成立させていたロシアに留学したエリートたちは、ロシアと同じように労働者を組織して革命を目指したが、ことごとく失敗した。中国は、農民の国であった。蔣介石《しょうかいせき》に対抗した共産党の根拠地のうち、発展できたのは、農村を拠点とした毛沢東の井崗山《せいこうざん》だけであった。一九三一年、それを元に毛沢東が瑞金《ずいきん》に創りあげた中華ソヴィエト共和国臨時政府は、ロシアのコミンテルンの支持を受けた陳紹禹《ちんしょうう》（王明）に乗っ取られている。日中戦争中、蔣介石の攻撃により、瑞金を放棄して陝西省の延安《えんあん》まで紅軍《こうぐん》が移動する長征《ちょうせい》の途上、毛沢東は遵義《じゅんぎ》会議で権力を奪還し、延安での整風運動《せいふううんどう》を通じて、党内に権力を確立した。この時点での毛沢東の革命路線は、『新民主主義論《しんみんしゅしゅぎ》』にまとめられ、中国革命をプロレタリア階級が指導する農民を主体とした革命戦争と位置づけ、農村で都市を包囲するという農村根拠地方式により、中国全土の解放を目指すものであった。

日本の降伏後、毛沢東は、自ら重慶《じゅうけい》に交渉に赴くなど、政治指導の先頭に立った。一九四六年、国共内戦の開始後は、人民戦争理論《じんみんせんそうりろん》を掲げて戦いを指揮した。一九四九年、蒋介石の率いる中華民国《ちゅうかみんこく》を台湾に追うと、毛沢東は、中華人民共和国の成立を天安門《てんあんもん》で宣言した。政府主席（一九五四年から国家主席）に就任した毛沢東は、共産党を中核に民主的な諸勢力を結集する新民主主義から共産党一党独裁の下での社会主義へと、その革命路線を転換させていく。

一九五一年からの三反五反《さんはんごはん》運動では、官僚・資本家の悪徳を追放し、資本家に壊滅的な打撃を与えた。土地改革を推進して、地主制度を根絶し、農民への土地の分配を行った。そして、初級合作社を設立したのち、一九五六年からは、高級合作社を実現して生産手段の集団所有を進めていく。

ソ連との関係が良好であった一九五三年には、第一次五ヵ年計画を制定し、ソ連にならい、重工業を重視した。五四年には憲法を制定し、建国時の資本家との妥協を排し、資本家を打倒の対象と位置づけた。ソ連でフルシチョフがスターリン批判を展開すると、「百花斉放《ひゃくかせいほう》」を掲げて、知識人の共産党への批判を促した。そのうえで、五七年からは反右派闘争《はんうはとうそう》を展開し、あぶり出した右派に大弾圧を加えた。こうした急速な社会主義化には、国際情勢の変化があった。

国際的孤立

第二次世界大戦後、世界はアメリカを中心とする資本主義陣営とソ連を中心とする社会主義陣営に分かれて、冷戦《れいせん》を繰り広げた。アジアでは、日本の占領下にあったヴェトナムと朝鮮半島で、北部をソ連、南部をアメリカが占領して、熱い戦いが繰り広げられた。毛沢東と中国大陸を争った蔣介石は、台湾で中華民国を継続しており、中華人民共和国は二つの戦いを傍観することは不可能であった。

一九四八年、朝鮮半島の北に金日成《きんにっせい》を首相とする朝鮮民主主義人民共和国（北朝鮮）が、南に李承晩《りしょうばん》を大統領とする大韓民国（韓国）が成立した。四九年の中華人民共和国の成立は、北朝鮮の背後からの脅威の消滅を意味した。そこで、金日成は五〇年、朝鮮の統一を目指して、韓国に侵入した。朝鮮戦争である。アメリカは、これを北朝鮮による侵略と国際連合に認めさせ、国連軍を組織して韓国を援助し、さらには北朝鮮の占領を目指した。これに呼応して、台湾の蔣介石も大陸反攻の姿勢を見せたため、毛沢東は、義勇軍を派遣して北朝鮮を援助して国連軍を三八度線まで押し戻して、五三年に板門店《はんもんてん》で休戦協定を結んだ（図一）。なお、朝鮮戦争でアメリカ軍の指揮をとったマッカーサーは、中国領の爆撃を主張したが、トルーマン大統領により解任されている。

冷戦の最中、アジアの社会主義国家である中華人民共和国が、北朝鮮を援助してアメリカと五分に戦ったことは、アメリカに対アジア政策の見直しを迫った。

図一　朝鮮戦争の推移

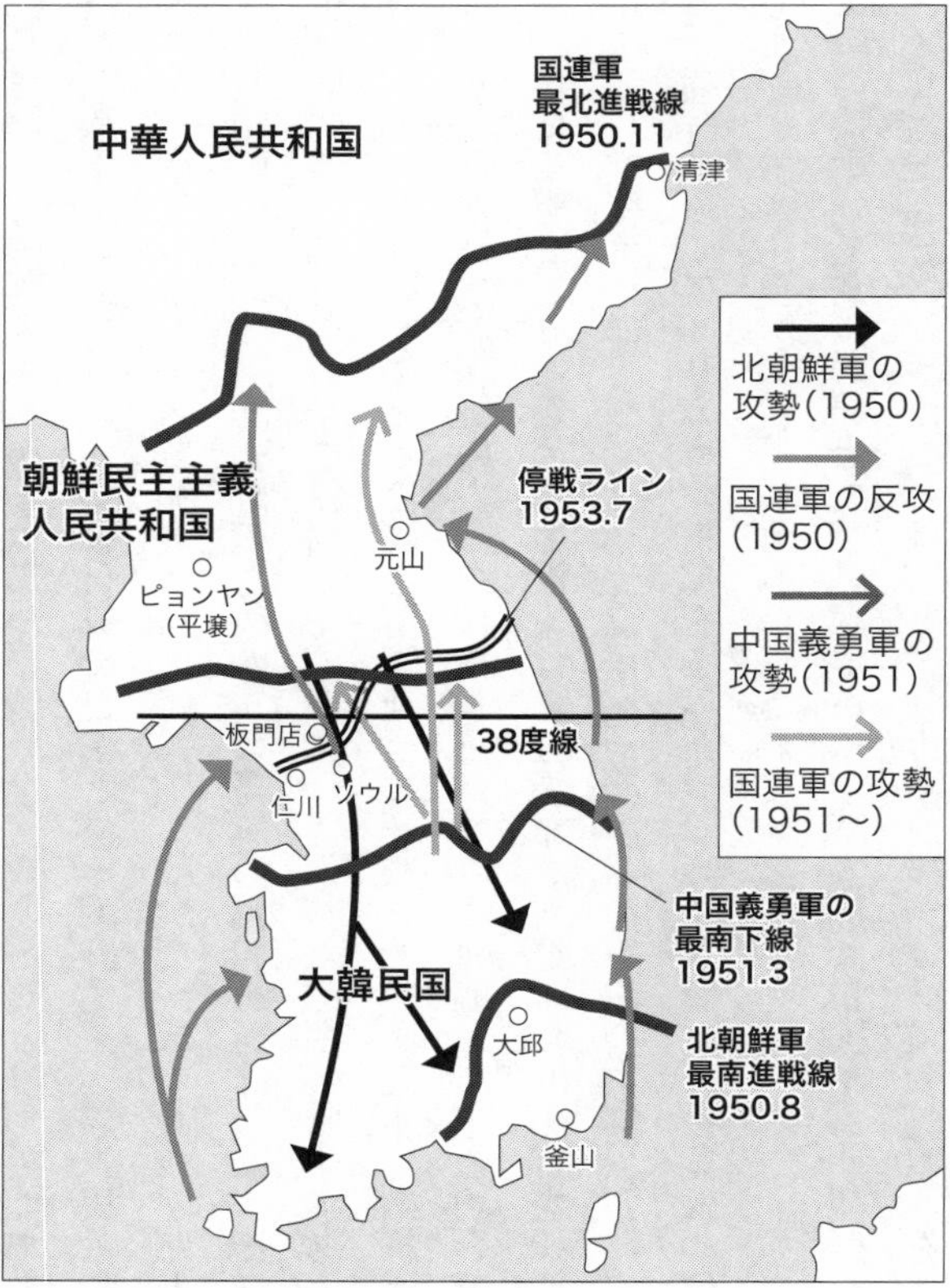

出典:『資料中国史一近現代編一』(白帝社)

アメリカは、中華人民共和国の国連代表権を認めず、中国の代表を中華民国（台湾）としつづけた。そして、中国を軍事的に封じ込めるため、五一年にオーストラリア・ニュージーランドとの集団防衛条約である太平洋安全保障条約（ANZUS）、五三年に米韓相互防衛条約を結んで中国に備えた。日本とは、五一年にサンフランシスコ平和条約を結び、日本を国際社会に復帰させると共に、日米安全保障条約を締結し、沖縄に軍事基地を設けた。日本の警察予備隊が、五四年に自衛隊に改組された背景には、アメリカの「対中封じ込め」政策があった。

朝鮮戦争は、第三次世界大戦、そして核戦争の危機であった。それを痛感した周恩来《しゅうおんらい》は、アメリカにもソ連にも与《くみ》さない「第三の世界」の形成を目指していたインドのネルー首相と協力して、「平和共存《へいわきょうぞん》」を掲げていく。五四年の周恩来・ネルー会談では、領土・主権の尊重、相互不侵略、内政不干渉、平等互恵、平和共存の「平和五原則」を提唱した。さらに、五五年には、世界最初の有色人種だけの国際会議であるアジア・アフリカ会議をインドネシアのバンドンで開き、インドネシアのスカルノ大統領とも協力して、バンドン精神（平和共存・民族独立・反植民地主義）に基づく「平和十原則」を発表した。平和共存への訴えは、五六年、ソ連のフルシチョフ第一書記のスターリン批判・平和共存の提唱へとつながり（「雪どけ」）、米ソの冷戦を抑止する影響力を示した。

こうして第三諸国の指導者となった中国であったが、やがて国際社会で孤立していく。朝鮮戦争に始まるアメリカとの対決は、六五年からのヴェトナム戦争における北ヴェトナムへの支援となって継続されていた。また、チベット問題を契機として、六二年に中印国境紛争が勃発し、ともに第三諸国の指導者であるはずのインドとも武力衝突を招いた（図二）。頼みのソ連との関係も、中国独自の社会主義建設をソ連が批判したことなどから悪化し、六〇年にはソ連が技術者を引き揚げていた。六二年のキューバ危機への評価から公然化した中ソ対立は、六九年には珍宝島《ちんぽうとう》（ダマンスキー島）をめぐる武力衝突にまで激化する。こうした国際的な孤立状態の中、国内では文化大革命が進んでいた。

図二　中印国境紛争

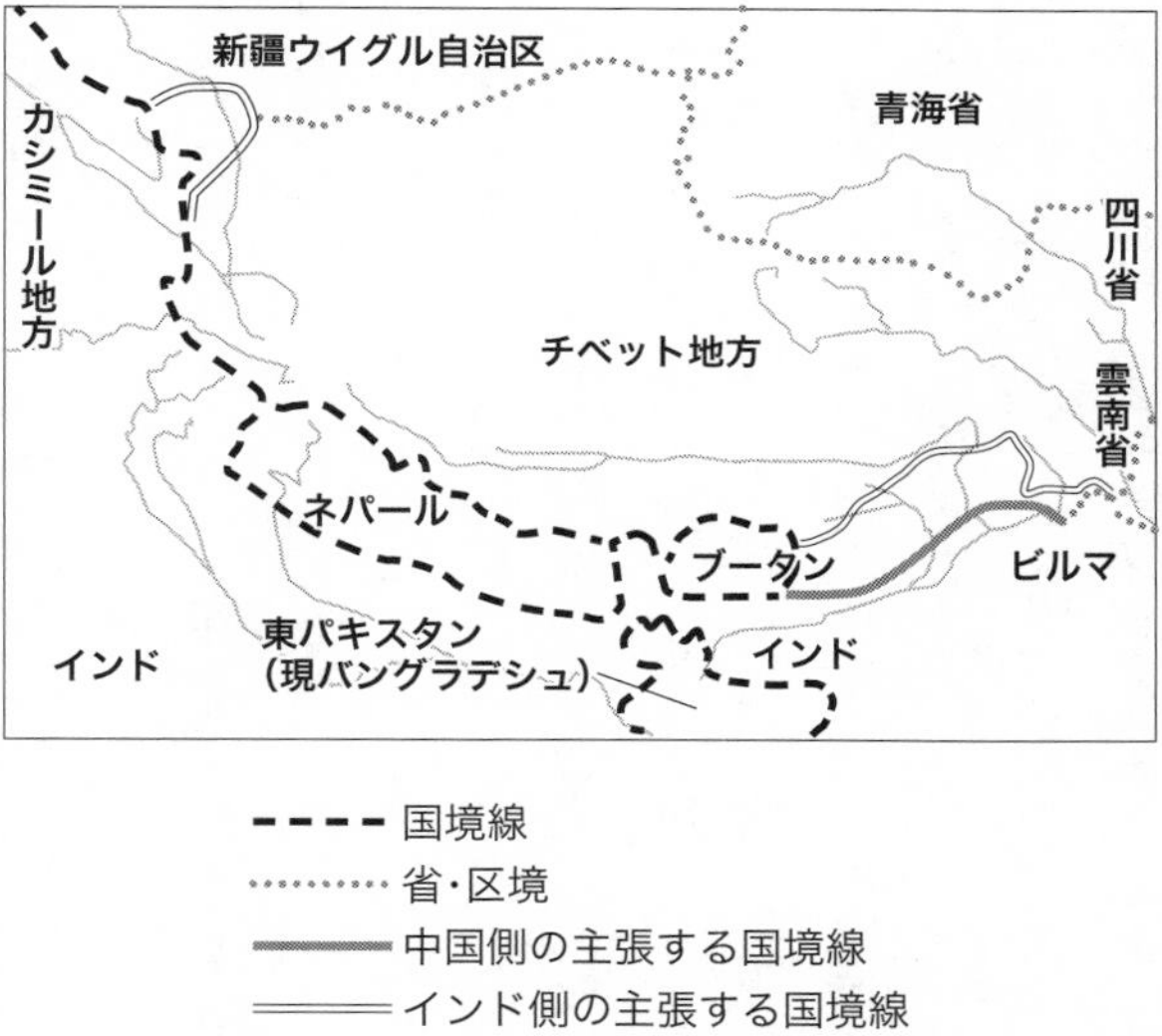

出典:『資料中国史―近現代編―』(白帝社)

文化大革命とニクソン訪中

毛沢東は、一九五八年に「大躍進《だいやくしん》」をスローガンに第二次五ヵ年計画を発表、合作社を母体とする大規模な集団化により「人民公社《じんみんこうしゃ》」を設立して、工・農・商・学・兵の基礎単位とした。人民公社は、農村改革を中心に社会主義建設を目指した毛沢東の革命路線の集大成であった。ここには、マルクス主義という名目のもと、「古典中国」が掲げていた「井田」の理想を見ることができる。

しかし、粗鋼生産の失敗、大災害と呼ばれる自然災害、ソ連の技術者の引き揚げなどにより、人民公社は失敗し、多数の餓死者を出した。五九年、毛沢東に代わって国家主席となった劉少奇《りゅうしょうき》は、集団化の規模を縮小、個人の利益を重視する経済調整により生産を復興させた。

しかし、毛沢東はプロレタリア独裁の形骸化、共産党の官僚主義化を憂え、社会主義下での継続革命の必要性を強調し、六六年、プロレタリア文化大革命（文革）を発動する。しかし、文革は、真のプロレタリア独裁を実現するという毛沢東の期待に反し、江青《こうせい》（毛沢東の妻）ら四人組が紅衛兵《こうえいへい》を利用して、資本家・地主・政敵を攻撃、劉少奇を死に追い込み、鄧小平を失脚させるという権力闘争に終始するものとなった。紅衛兵は暴走し、様々な文化財を破壊し、知識人を殺害した。ようやく八一年になって、共産党は文化大革命を全面的に否定し、階級闘争の拡大化という誤りに対して、毛沢東に主な責任があるとした。

国内が文化大革命で混乱する中、周恩来は、国際的な孤立状態から中国を脱出させるため、アメリカと融和して国連に加盟していく。その背景には、ヴェトナム戦争におけるアメリカの敗北があった。北ヴェトナムに北爆を開始した六五年当時、アメリカは世界史上最強と自負する軍事力を有していた。しかし、最高時年間二百億ドル以上の戦費、五十六万の派遣軍、核兵器以外のあらゆる兵器を投じても、アメリカは勝利できず、撤退を強いられた。独立ほど貴いものはない、とするホー＝チ＝ミンに率いられたヴェトナムの人びとは、アメリカの侵略に粘り強く抵抗したのである。これに対して、アメリカの大義は著しく曖昧であった。自由のためというアメリカの介入目的は、戦争の実態によって裏切られた。アメリカの戦争目的は、最後には、名誉ある撤退の実現へと縮小した。そのためには北ヴェトナムを支援する中国との関係改善が必要であった。

一方、中国は、混乱した国内情勢を抱えながらソ連との対立を深め、六九年の武力衝突以降、ソ連が現実的な脅威となっていた。七一年、アメリカのキッシンジャー大統領補佐官は、秘密裏に周恩来と会談を行い、ニクソン大統領の訪中を定めた。そのわずか三ヵ月後、国連の場でアメリカを中心に中華民国の国連議席を守る案が否決され、中華人民共和国の国連参加を主張するアルバニア案が可決された。中国は直ちに国連参加の意志を表明し、中華民国に代わって国連に加盟した。翌七二年、ニクソン大統領は中国を訪問し、中国は一つであり、台湾は中国の一部である、とする上海コミュニケを発表したのである。これを受けて日本も、それまで親台湾政策をとり続けていた自民党政府の田中角栄《たなかかくえい》が、七二年に日中国交正常化を行い、日台関係は民間レベルの交流に転化した。

鄧小平の改革開放

七六年、周恩来・毛沢東が相次いで死去すると、文化大革命で権力を掌握していた江青ら四人組を逮捕して華国鋒《かこくほう》が政権を掌握し、周恩来の死を悼み天安門に集まった民衆を鄧小平《とうしょうへい》の手先として攻撃する第一次天安門事件により、鄧小平を失脚させた。毛沢東の決定・指示をすべて遵守するとした華国鋒に対して、復権した鄧小平は、毛沢東の相対化、文化大革命からの脱却を主張して、これに対抗した。やがて、胡耀邦《こようほう》・趙紫陽《ちょうしよう》らを抜擢した鄧小平は、八一年に華国鋒を降格し、自らの体制を確立した。

文革の痛手から立ち直るため、鄧小平は経済建設の手段として「改革開放《かいかくかいほう》」を推進した。農業では生産請負制を導入、農村の自主権を尊重し生産意欲を高め、自営農家を育成した。また、人民公社を解体し、郷鎮《ごうちん》政府へ移行させた。工業では、多角経営を承認し、郷鎮企業を奨励、都市の工業発展のため外資導入を推進した。こうした改革開放の矛盾による社会不安の増大、改革開放の速度や程度をめぐる急進派と保守派の対立の中で、保守派から攻撃を受けた胡耀邦が憤死すると、その死を悼む北京市民が天安門広場に集まり、北京大学を中心とする学生たちは民主化を要求した。八九年、鄧小平は、これを武力弾圧するとともに、民主化に理解を示した趙紫陽を失脚させ、江沢民《こうたくみん》を総書記に就任させた（第二次天安門事件）。

鄧小平は、第二次天安門事件により停滞した経済を回復するため、「社会主義市場経済」を提唱する。改革開放政策により市場経済化を推進しつつも、共産党の指導は堅持して、西欧的な民主化には反対するという路線である。九七年に鄧小平は死去するが、その路線は江沢民により継承される。

経済の発展

八九年に総書記となった江沢民は、共産党の独裁体制を維持しつつ、「改革開放」を継承して経済発展を推進した（図三）。九二年に「社会主義市場経済」の導入を正式に決定し、それ以降は、中国を事実上資本主義国化していく。二〇〇一年には、世界貿易機関（WTO）への加盟を実現し、外資の導入と世界経済のグローバリゼーション化の動きに適応した輸出の強化により、「世界の工場」と呼ばれる世界最大の製造業大国に中国が変貌する基礎を築いた。

また、一九九七年には香港《ホンコン》、九九年には澳門《マカオ》の返還を実現し、一八九八年の列強の中国分割以来、長らく分裂してきた大陸を事実上初めて統一した。このころから中華人民共和国は、大国意識を剥《む》き出しにした外交政策を展開し始め、経済の発展は国民の貧富の格差や、都市と農村の地域格差を生み、汚職の蔓延、環境破壊などの負の遺産も残すことになった。

図三　経済開放地域

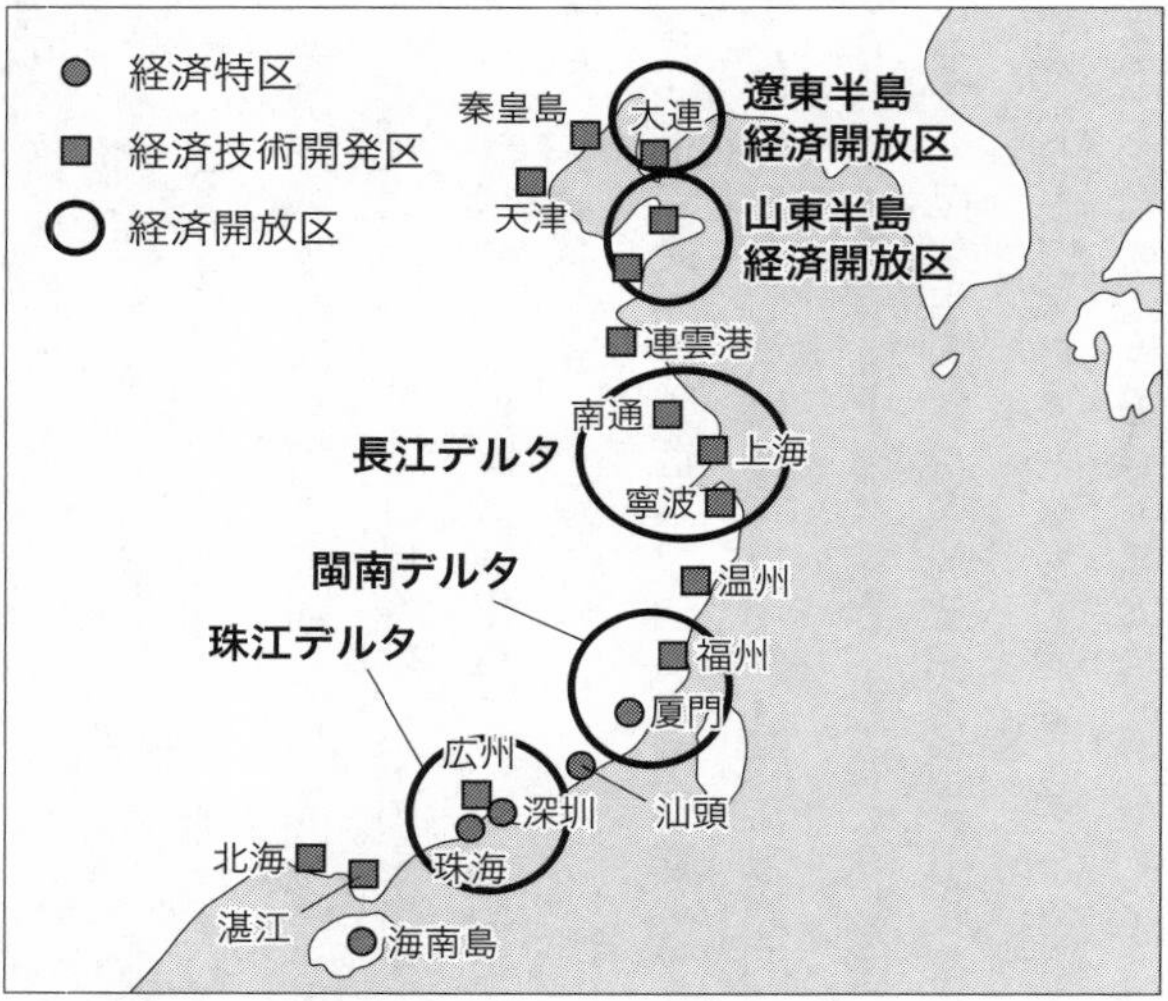

出典:『資料中国史―近現代編―』(白帝社)

江沢民は、上海時代の部下を枢要な地位に就けて「上海閥」を形成し、その総帥として政界に君臨する。総書記の退任後も党中央軍事委員会主席に留任した江沢民は、党の最高指導部である政治局常務委員の過半数を自派閥で固め、後継の胡錦濤《こきんとう》指導部に影響力を発揮した。しかし、二〇〇六年に上海閥は汚職などで大打撃を受け、胡錦濤の権力が確立した。

二〇〇二年から一二年まで総書記となった胡錦濤は、温家宝《おんかほう》首相と共に一貫して経済成長と発展を指揮し、中国の経済を世界第二位に押し上げた。その一方で、「和諧《わかい》社会」・「小康《しょうこう》社会」というスローガンを掲げて、調和のとれた社会主義社会を目指し、国内における社会経済的平等性の向上を図った。一九九〇年代以降に中国社会で問題化した改革開放政策での高度経済成長に起因する格差の拡大・環境汚染による公害などに取り組み、所得格差の是正と安定成長に努めたのである。

その一方で、国内では少数民族の反発や反体制派を取り締まり、反分裂国家法を成立させた。外交政策では、「中国の平和的発展」を唱え、国際関係におけるソフトパワーを追求し、企業外交を展開した。胡錦濤の在任期間中、アフリカ、中南米などの発展途上国での中国の影響力は増大した。胡錦濤は謙虚で控えめな指導者であり、集団指導と合意に基づく統治を進めた。在任期間の終了後は、すべての役職から自主的に退き、後任には習近平《しゅうきんぺい》総書記が就任した。

二〇一二年に総書記に就いた習近平は、一三年には国家主席・国家中央軍事委員会主席に選出されて、党・国家・軍の三権を掌握して権力を固め、李克強《りこくきょう》を国務院総理（首相）とする。一七年には、さらに権力を集中させた二期目の習李体制を発足させた。党規約には、「習近平による新時代の中国の特色ある社会主義思想」（習近平思想）を明記させ、毛沢東・鄧小平以来となる個人の名を冠した習近平思想の学習を国民に課した。

一二年には、早くも、「中華民族の偉大なる復興」を発表して、ナショナリズムを鮮明にした。外交では、一四年、ヨーロッパまで及ぶ広大なシルクロードを勢力下に置き、鄭和《ていわ》の艦隊がアフリカの角にまで進出したかつての中国の栄光を取り戻すという意味を込めて巨大な経済圏構想である「シルクロード経済ベルト（一帯）と二一世紀海洋シルクロード（一路）」（「一帯一路《いったいいちろ》」）を打ち出し、インフラストラクチャーの整備、貿易の促進、資金の往来を促進する計画を提唱した。

一五年には、鄧小平の「先富論」（まず一部の人々を豊かにさせ、その後豊かになった者がほかの人々を引き上げて共同富裕を目指す）から「脱貧困」を掲げ、「共同富裕《きょうどうふゆう》」を目指すことが掲げられた。また、一九年には、「AIやビッグデータなどで国家統治のシステムと能力を現代化する」として、監視社会・管理社会化をより推し進めることを決定し、それにより共産党の独裁に抵抗する勢力の排除を徹底していく。

二二年には、習近平総書記の党の核心としての地位と、政治思想の指導的地位を固める「二つの確立」を盛り込んだ党規約の改正案を承認させた。そして、李克強を退任させ、自らの側近が大多数を占める三期目の習近平体制を発足させている。

おわりに

中国史は、西欧史のように社会の構造が大きく変わることで、目に見えて歴史が動くことは、それほど多くはありません。ヘーゲルが中国の歴史を「停滞」と捉えたように、皇帝が中央集権的な官僚制度を持ち、農民反乱でそれが打倒された後にも、また同じような体制の国家ができ、それが繰り返されます。一見すると、たしかに「停滞」しているようにも見えます。

しかし、それは、「古典中国」という規範とすべき国家と社会のあり方が存在し、それを自らの規範とする意識が、現代まで続いているためです。現代中国の国家と社会のあり方を理解するためには、二千年の伝統を持つ「古典中国」の理解が必要なのです。こうした中国史のあり方は、たとえば、中世を「暗黒」と切り捨て、近代を形成した西欧史とは明確に異なります。それでは、われわれ日本の国家と社会のあり方は、どうなのでしょうか。その歴史に、日本らしさを刻み込む何らかの規範や克服して捨て去るべき過去を持つのでしょうか。さらには、イスラム世界のような、宗教を規範とする国家と社会のあり方は、われわれとはどのように異なるのでしょうか。

日本を世界の中で捉えるためには、まず東アジアの諸地域の歴史との関わりの中で考えることが必要で、ことに日本が古来関係を結んできた中国と韓国が重要です。この本により、中国が今ある姿を見せている背景を知ることは、中国を捉えるための一助になるでしょう。そしてそれは、日本のあるべき姿を描き出すことに繋がっていくと思います。

新しい時代を生きる日本人が、相互理解に基づく平和を希求していくには、世界の各地域の文化を理解することが必要です。その基本は、日本文化を東アジアの中で理解することにあります。そのとき、中国史はその基礎になると思います。

最後までお読みいただき、ありがとうございました。

二〇二三年末　渡邉　義浩

さらに学びたい人のために

・シリーズ「中国の歴史」（岩波新書）

①渡辺信一郎『中華の成立―唐代まで』（岩波書店、二〇一九年）

②丸橋充拓『江南の発展―南宋まで』（岩波書店、二〇二〇年）

③古松崇志『草原の制覇―大モンゴルまで』（岩波書店、二〇二〇年）

④檀上寛『陸海の交錯―明朝の興亡』（岩波書店、二〇二〇年）

⑤岡本隆司『「中国」の形成―現代への展望』（岩波書店、二〇二〇年）

新書版の中国通史です。最近の研究成果が反映されています。

・世界歴史大系「中国史」（山川出版社）

松丸道雄・斯波義信・浜濱下武志・池田温・神田信夫（編集）

『中国史』1先史～後漢（山川出版社、二〇〇三年）

『中国史』２三国～唐（山川出版社、一九九七六年）
『中国史』３五代～元（山川出版社、一九九七年）
『中国史』４明～清（山川出版社、一九九九年）
『中国史』５清末～現代在（山川出版社、二〇〇二年）
きわめて詳細な中国史の概説書です。研究書や研究論文の紹介もあり、本格的な研究を目指す人のための概説書と考えてよいでしょう。かなり高価な本です。

・渡邉義浩の時代別中国史

①『春秋戦国』（洋泉社歴史新書、二〇一八年）
②『始皇帝―中華統一の思想』（集英社新書、二〇一九年）
③『横山光輝で読む「項羽と劉邦」』（潮新書、二〇二三年）
④『漢帝国―四〇〇年の興亡』（中公新書、二〇一九年）
⑤『王莽―改革者の孤独』（大修館書店あじあブックス、二〇一二年）

⑥『教養として学んでおきたい三国志』(マイナビ新書、二〇二一年)
⑦『三国志―演義から正史、そして史実へ』(中公新書、二〇一一年)
⑧『横山光輝で読む 三国志』(潮新書、二〇二二年)
⑨『三国志が好き!』(岩波ジュニアスタートブックス、二〇二三年)
⑩『中国における正史の形成と儒教』(早稲田選書、二〇二一年)

①・④・⑥は、本書をさらに詳細にしたものです。②・⑤は、始皇帝・王莽という人物に焦点を当てながら、秦・新という国家を描いたものです。③・⑧は、横山先生の漫画と共に、物語として時代を語るものです。⑦は、歴史小説の『三国志演義』を入り口とした三国時代史、⑨は好きを切り口とした三国志の入門書です。⑩は、中国史を紡いできた歴史書が、どのような性格を帯びているのかを論じています。

●著者プロフィール
渡邉 義浩（わたなべ・よしひろ）
1962年、東京都生まれ。早稲田大学理事、同大学文学学術院教授、三国志学会事務局長。筑波大学大学院博士課程歴史・人類学研究科修了。文学博士。専門は古典中国学。著書に『三国志 演義から正史、そして史実へ』『魏志倭人伝の謎を解く 三国志から見る邪馬台国』『漢帝国 400年の興亡』『始皇帝 中華統一の思想』など著書、監修書多数。また、新潮文庫版の吉川英治『三国志』において、全巻の監修を担当した。

マイナビ新書

中国史で世界を読む

2024年3月31日　初版第1刷発行

著　者　渡邉義浩
発行者　角竹輝紀
発行所　株式会社マイナビ出版
〒101-0003　東京都千代田区一ツ橋2-6-3　一ツ橋ビル 2F
TEL 0480-38-6872（注文専用ダイヤル）
TEL 03-3556-2731（販売部）
TEL 03-3556-2735（編集部）
E-Mail pc-books@mynavi.jp（質問用）
URL https://book.mynavi.jp/

装幀　小口翔平＋青山風音（tobufune）
DTP　富宗治
印刷・製本　中央精版印刷株式会社

　ISBN978-4-8399-8468-7

Printed in Japan